Governança Corporativa e Remuneração dos Gestores

Marco Larrate

Governança Corporativa e Remuneração dos Gestores

SÃO PAULO
EDITORA ATLAS S.A. – 2013

© 2012 by Editora Atlas S.A.

Capa: Zenário A. de Oliveira
Composição: Entexto – Diagramação de textos

Dados Internacionais de Catalogação na Publicação (CIP)
(Câmara Brasileira do Livro, SP, Brasil)

Larrate, Marco
Governança corporativa e remuneração dos gestores /
Marco Larrate.
São Paulo: Atlas, 2013.

Bibliografia.
ISBN 978-85-224-7621-3
eISBN 978-85-224-7700-5

1. Administração de empresas 2. Gestores – Remuneração
3. Governança corporativa 4. Incentivos 5. Políticas de
remuneração 6. Remuneração – Administração I. Título.

12-15013
CDD-658.4

Índice para catálogo sistemático:

1. Remuneração dos gestores e as políticas de incentivos
nas empresas: Governança corporativa:
Administração executiva 658.4

TODOS OS DIREITOS RESERVADOS – É proibida a reprodução
total ou parcial, de qualquer forma ou por qualquer meio.
A violação dos direitos de autor (Lei nº 9.610/98) é crime
estabelecido pelo artigo 184 do Código Penal.

Depósito legal na Biblioteca Nacional conforme Lei nº 10.994,
de 14 de dezembro de 2004.

Impresso no Brasil/Printed in Brazil

Editora Atlas S.A.
Rua Conselheiro Nébias 1384
Campos Elísios
01203 904 São Paulo SP
11 3357 9144
atlas.com.br

A Deus;
à minha esposa;
ao meu filho *Matheus*; e
à *Editora Atlas,*
por terem acreditado neste projeto.

Sumário

Apresentação, xiii

Prefácio, xv

Parte I – Governança Corporativa, 1

1 **Introdução à Governança Corporativa, 3**

    1 Origem da governança corporativa, 4

    2 Separação entre propriedade e gestão, 8

    3 Proteção aos acionistas minoritários, 10

    4 Marcos históricos, 11

2 **Estrutura Conceitual: a Teoria da Agência, 16**

    1 Contratos completos *versus* racionalidade limitada, 17

    2 A relação agente-principal, 18

    3 Os custos de agência, 21

    4 Informação assimétrica, 22

    5 Risco moral e seleção adversa, 23

    6 Os problemas de agência nas companhias brasileiras, 25

3 Aspectos Básicos da Governança Corporativa, 27

1 Definições de governança corporativa, 27

2 Princípios básicos, 30

3 Os modelos de governança, 34

4 A estrutura de governança, 37

4 Os Códigos de Governança, 41

1 A divulgação dos códigos, 42

2 As recomendações dos códigos, 45

Anexo 4.1 – Relatório *Cadbury* (1992), 48

Anexo 4.2 – Princípios de Governança da OCDE (1999), 50

Anexo 4.3 – Código das Melhores Práticas – IBGC, 55

Anexo 4.4 – Cartilha da CVM (2002), 57

5 Mecanismos de Governança, 60

1 Governança interna, 61

2 Governança externa, 72

3 A eficiência dos mecanismos de governança, 80

Anexo 5.1 – O Conselho de Administração, 81

Parte II – Remuneração dos Gestores, 87

6 As Políticas de Remuneração e Incentivos, 89

1 Componentes da remuneração total, 90

2 Objetivos da remuneração, 91

3 Aspectos a serem considerados, 92

Anexo 6.1 – Código IBGC, 2009 – Remuneração dos Gestores, 96

7 A Remuneração Variável, 99

   1 Estrutura de incentivos, 100

   2 Incentivos de curto prazo, 101

   3 Incentivos de longo prazo, 102

   4 Aspectos positivos e negativos da remuneração variável, 106

   5 A importância do equilíbrio entre curto e longo prazos, 109

8 Evidências Empíricas, 113

   1 A relação entre remuneração variável e desempenho, 114

   2 Críticas à remuneração dos gestores, 115

   3 O alcance da remuneração variável, 117

   4 Considerações finais, 121

   Anexo 8.1 – Evidências Empíricas no Brasil, 123

   Anexo 8.2 – Questionário da CVM sobre Remuneração dos Gestores, 125

Referências bibliográficas, 131

Lista de Abreviaturas

BC	Banco Central do Brasil
BM&FBOVESPA	Bolsa de Valores, Mercadorias e Futuros de São Paulo
BNDES	Banco Nacional de Desenvolvimento Econômico e Social
BOVESPA	Bolsa de Valores de São Paulo
CEO	*Chief Executive Officer*
CG	*Corporate Governance*
CVM	Comissão de Valores Mobiliários
FMI	Fundo Monetário Internacional
IBGC	Instituto Brasileiro de Governança Corporativa
ICGN	*International Corporate Governance Network*
OCDE	Organização para Cooperação e Desenvolvimento Econômico
S.A.	Sociedade Anônima
SEC	*Securities and Exchange Commission*
SOX	Lei *Sarbanes-Oxley*

Apresentação

Governança corporativa é o campo de pesquisa na área de finanças que tem recebido enorme atenção da literatura acadêmica. Originalmente visto como elo entre finanças e administração dos negócios, governança corporativa tem se transformado em questão multidisciplinar envolvendo finanças, economia, administração, contabilidade, direito, psicologia e estratégia. Dentre as áreas de interesse de pesquisa internacional, a remuneração dos gestores tem se transformado no campo de maior produção científica. No mundo de negócios, visões e evidências empíricas encontradas na área são traduzidas em aplicações relevantes para a formação dos gestores empresariais. Seus conceitos e teorias, entretanto, vêm sendo construídos aos poucos pelo grande número de excelentes trabalhos produzido pela academia nos últimos anos, o que nos faz concordar com as palavras do autor que considera a governança das empresas uma "obra não acabada".

O Prof. Marco Larrate, desde o ano de 2009, quando cursava o seu mestrado em economia com ênfase em finanças no Ibmec, vem dedicando-se às pesquisas sobre governança corporativa. Alguns de seus trabalhos foram publicados em jornais e revistas especializadas, e aprovados em programas acadêmicos de incentivo à pesquisa. Este livro, portanto, resume essa trajetória de intensa dedicação ao tema.

O livro possui uma extensa referência bibliográfica e tem a virtude de expor, de forma bastante direta, a teoria da governança corporativa e dos incentivos gerenciais. Nele, são apresentados os conceitos consagrados pela literatura nacional e estrangeira, bem como as recomendações dos principais códigos de boas práticas. Os temas polêmicos são tratados pelo autor, revendo as evidências mais referendadas pela academia. Dessa forma, o livro consegue tratar de diversos assuntos relacionados ao tema com equilíbrio entre teoria e prática. Por tudo isso, podemos afirmar que foi executado um trabalho amplo e com o rigor necessário para transformar-se em uma referência para os nossos cursos de graduação e pós-graduação ligados ao campo de negócios.

Por fim, é com grande alegria que apresentamos o presente trabalho do Prof. Marco Larrate. Temos certeza de que os leitores terão pela frente uma fonte segura, precisa e atual, capaz de contribuir para o conhecimento daqueles interessados em um tema tão fundamental para o sucesso de qualquer organização.

Prof. Dr. Roberto Marcos da Silva Montezano
Professor Titular das Faculdades Ibmec

Prefácio

1. Nota do Autor

A realização do presente trabalho deve-se à ideia de condensar em um único texto a análise de dois temas que vêm ganhando destaque nos meios acadêmicos e profissionais: Governança Corporativa e Remuneração dos Gestores.

A ideia é expor de forma simples a teoria geral da governança corporativa e, a seguir, aprofundar a discussão sobre a remuneração dos gestores e as políticas de incentivos nas empresas. A escolha entre ações ou opções, a importância do equilíbrio entre os incentivos de curto e de longo prazos, e outros temas polêmicos são abordados, procurando posicionar o leitor sobre as diferentes visões presentes na literatura acadêmica.

A obra é enriquecida com evidências empíricas, relacionadas aos mecanismos de governança corporativa e sobre diversos aspectos das políticas de remuneração, como, por exemplo, a relação entre remuneração variável e desempenho, e a estrutura atual da remuneração dos gestores no Brasil e no mundo. Dessa forma, o leitor poderá ter uma visão geral da Governança Corporativa e de seus mecanismos de incentivos e controle, especialmente no que diz respeito à remuneração variável (*pay for performance*).

Com isso, o presente trabalho tem como objetivo tornar-se uma fonte segura e atual para estudantes, pesquisadores e profissionais interessados nos desenvolvimentos recentes sobre governança corporativa e nas diversas questões afetas aos incentivos gerenciais, utilizados pelas empresas nacionais e estrangeiras.

Rio de Janeiro, julho de 2012.

O *Autor*

Críticas e sugestões: *marcolarrate@gmail.com*

2. Organização do Livro

Este livro é organizado em duas partes. A Parte I focaliza a teoria geral da governança corporativa. O primeiro capítulo é considerado uma introdução ao estudo da governança. Nele, serão abordados os motivos que levaram ao aparecimento do pensamento acadêmico relacionado à governança corporativa em nível mundial. Esse assunto será estendido com a discussão a respeito de dois temas essenciais para esse entendimento: a separação entre propriedade e gestão, e a proteção aos acionistas minoritários. Por fim, a última seção do capítulo apresenta, em forma de linha do tempo, os principais marcos históricos no Brasil e no Mundo, desde o surgimento da governança corporativa até os dias atuais.

O Capítulo 2 aborda a estrutura conceitual da governança corporativa. Nele serão analisados temas como: Teoria da Agência; Relação Agente-Principal; Custos de Agência; Informação Assimétrica; Risco Moral e Seleção Adversa. O Capítulo 2 é finalizado, destacando o principal problema de agência nas empresas brasileiras.

O Capítulo 3 apresenta os aspectos fundamentais básicos da governança corporativa, tais como: definição; princípios; modelos; e a estrutura de governança nas empresas.

O Capítulo 4 destaca a importância, bem como a crescente divulgação dos códigos de governança pelo mundo. Nele, são apresentadas, ainda, algumas recomendações comuns aos diversos códigos nacionais e estrangeiros, de forma que o leitor possa ter contato com as boas práticas de governança corporativa mais consagradas por esses manuais.

A primeira parte do livro é finalizada no Capítulo 5, que analisa os mecanismos de governança corporativa. Nele, são destacadas evidências empíricas, bem como as boas práticas de governança, relacionadas a cada mecanismo.

A Parte II do livro é dedicada a analisar a remuneração dos gestores e está representada pelos Capítulos de 6 a 8. O Capítulo 6 aborda os componentes da remuneração total dos gestores, os objetivos e alguns aspectos a serem considerados, pelas empresas, durante o planejamento das políticas de remuneração.

No Capítulo 7, ampliaremos nossa análise a respeito da remuneração variável. As seções desse capítulo abordarão temas relacionados à estrutura de incentivos baseada no curto e no longo prazos; aos tipos de remuneração variável; aos aspectos positivos e negativos de se pagar pelo desempenho; e à importância do equilíbrio entre os incentivos de curto e de longo prazos.

O Capítulo 8 destaca as evidências empíricas relacionadas à remuneração variável dos gestores. Para isso, o capítulo está dividido em quatro seções: a primeira analisa as evidências de que empresas que utilizam planos de remuneração variável possuem, na média, melhor desempenho do que as demais. A segunda seção apresenta a visão crítica daqueles que consideram que os incentivos podem ser perversos para as empresas, aumentando a probabilidade de fraude. A terceira seção destaca os últimos levantamentos quanto à utilização da remuneração variável pelas empresas nacionais e estrangeiras. Por fim, a última seção apresenta nossas considerações finais.

Parte I

Governança Corporativa

1

Introdução à Governança Corporativa

Por que estudar Governança Corporativa? Como explicar a importância que ela vem ganhando nos meios acadêmicos e profissionais?

Para responder a essas perguntas devemos, em primeiro lugar, conhecer o que se entende por governança corporativa: De modo geral, a governança corporativa pode ser descrita como o sistema de controles, regulamentações e incentivos, delineado para proteger os interesses dos proprietários. Há muito a dizer sobre as causas que lhe deram origem, mas inicialmente podemos considerar que o nascimento da governança corporativa abrange conflitos de interesses e tentativas de minimizá-los.

As pesquisas mostram que os mecanismos de governança, representados pelo conselho de administração, incentivos gerenciais e auditoria externa, entre outros, são ferramentas poderosas, utilizadas para evitar fraudes e garantir os investimentos realizados pelos provedores de capital.

Para compreender melhor ainda a importância da governança, vale considerar que, independentemente de qual seja o objetivo da empresa, um bom resultado econômico é crucial para a sua sobrevivência e que, portanto, essa deve ser uma meta a ser alcançada. E como a governança corporativa aparece nesse contexto?

Um sistema de governança eficiente pode otimizar o desempenho da empresa, por tornar o processo decisório menos vulnerável aos conflitos de interesses entre gestores e proprietários, reduzindo o custo gerado pela assimetria informacional e, consequentemente, o custo do capital total.

Em suma, a governança corporativa é fundamental para o sucesso de uma organização, razão pela qual o seu estudo torna-se instigante e extremamente útil. O objetivo deste livro é analisar a governança corporativa e seu principal mecanismo de incentivo: a remuneração dos gestores. Nossa preocupação central está em desvendar os princípios relacionados às boas práticas de governança e suas evidências empíricas, de forma a desenvolver uma base sólida para a tomada de decisões por parte daqueles envolvidos na governança das empresas.

Neste capítulo introdutório, serão abordados os motivos que levaram ao aparecimento do pensamento acadêmico relacionado à governança corporativa em nível mundial. Esse assunto será estendido com a discussão a respeito de dois temas essenciais para esse entendimento: a separação entre propriedade e gestão, e a proteção aos acionistas minoritários. Por fim, a última seção deste capítulo apresenta, em forma de linha do tempo, os principais marcos históricos no Brasil e no mundo, desde o surgimento da governança corporativa até os dias atuais.

1 Origem da governança corporativa

Várias evidências demonstram que práticas de governança corporativa são realizadas há séculos, sobretudo nas grandes organizações. Conforme Dobija apud Silveira (2010), mecanismos de governança já eram utilizados nas Companhias das Índias Orientais – considerada a primeira entidade do mundo com ações livremente negociadas – entre 1600 e 1621. Da mesma forma, Ricardino e Martins (2004) destacam que preceitos considerados como boas práticas de governança podem ser encontradas na minuta dos estatutos de constituição da Companhia Geral de Comércio do Grão-Pará e Maranhão, que data de 1754. Os autores consideram os 27 parágrafos desse documento como extremamente avançados para a época, trazendo diversos conceitos que, ainda hoje, permanecem atuais e podem ser considerados práticas recomendáveis de governança.

Entretanto, a literatura destaca a segunda metade do século XX e, mais precisamente, a década de 1980, como o período no qual se iniciou o seu estudo mais sistemático.[1] Nessa fase inicial, as preocupações com a governança das empresas ficaram restritas a questões relacionadas às aquisições hostis, às reestruturações financeiras, e ao ativismo dos investidores.[2]

1.1 Motivação

Para compreender melhor os motivos que deram origem às preocupações com a governança das empresas, considere que a governança surgiu em resposta aos diversos escândalos e fraudes corporativas, ocorridos no final do século passado. Conforme destaca muito bem Silveira (2004), esses problemas foram ocasionados por diversos conflitos de interesses que acarretaram a expropriação da riqueza:

a) **dos acionistas, por parte dos gestores** (em empresas com estrutura de propriedade pulverizada); e

b) **dos acionistas minoritários, por acionistas controladores** (em empresas com estrutura de propriedade concentrada).

Para Fontes Filho et al. (2008), esses escândalos deixaram evidente a fragilidade do monitoramento executado pelos

---

[1] O termo *Corporate Governance* não existia na língua inglesa antes da década de 1980.

[2] Zingales (1998).

conselhos de administração, bem como as distorções existentes na estrutura de incentivos aos gestores.

Com isso, teve início na década de 1980, sobretudo nos Estados Unidos, uma série de manifestações por parte dos acionistas de empresas falidas que passaram a buscar compensação de seus prejuízos junto a diretores, conselheiros e auditores.[3] Notadamente, os fundos de pensão passaram a exigir maior transparência por parte das empresas em que empregavam seus recursos. Entre eles, os fundos de pensão americanos *Calpers* e *Fidelity* notabilizaram-se por exercerem pressão, junto à opinião pública, no sentido de impor limites aos abusos dos controladores.

Em suma, foi o ativismo dos acionistas não pertencentes aos blocos controladores, geralmente expropriados, um dos propulsores do movimento em favor da boa governança nas empresas. Os movimentos ativistas variavam em cada país, mas, de modo geral, buscava-se uma maior atuação dos conselhos de administração e o poder de, em alguns casos, monitorar e intervir nas empresas. E, para dar efetividade a esses anseios, começaram a surgir vários códigos de boas práticas, buscando garantir a proteção dos acionistas minoritários e dos demais *stakeholders*.[4]

Hoje, mais de duas décadas de pesquisas e a crescente divulgação na mídia tornaram bem familiares termos e expressões como *proteção aos minoritários, alinhamento de interesses* e *accountability*.

Por fim, cabe ressaltar que os motivos que deram causa ao aparecimento são ainda responsáveis pela constante evolução da governança corporativa. A cada novo escândalo, outros dispositivos regulatórios surgem e códigos de boa governança

---

[3] Álvares et al. (2008).

[4] Partes interessadas, ou seja, todo aquele com interesse ou que seja, de alguma forma, afetado pela empresa. Por exemplo: credores, fornecedores, clientes, empregados, governo etc.

são reformulados. Esses fatos nos sugerem a conclusão de que a governança das empresas, portanto, ainda não é uma obra acabada.

1.2 Ruptura com a teoria econômica ortodoxa

O problema da separação entre propriedade e gestão nas empresas estabeleceu o pensamento acadêmico relacionado à governança corporativa. Nesse aspecto, foi essencial o trabalho de Berle e Means (1932), ao conseguirem documentar a separação entre propriedade e gestão, e a pulverização do capital nas grandes empresas americanas, no início do século passado.

Os debates estabelecidos a partir de Berle e Means (1932) trouxeram uma nova maneira de se pensar nas finanças corporativas, e só foram possíveis a partir do momento em que a empresa passou a ser estudada através de uma perspectiva diferente daquela utilizada pela teoria econômica ortodoxa, considerando, por exemplo, aspectos relacionados à incerteza e ao problema da relação agente-principal.

Com isso, a ideia clássica de que as empresas agem racionalmente, objetivando apenas a maximização do lucro, passou a ser considerada uma visão limitada, no que se refere ao mundo real. Para Jensen e Meckling (1976), embora a literatura econômica estivesse, anteriormente, repleta de referências sobre a Teoria da Firma, seu conteúdo baseava-se no equilíbrio dos mercados, presumidamente perfeitos, competitivos, sem assimetrias de informação e desprovidos de custos de transação. Sem dúvida, que esse modelo, apesar de ter trazido importantes contribuições, pouco disse sobre os problemas reais encontrados nas empresas.

Williamson (2004) acrescenta que os fenômenos econômicos, que afetam à gestão das empresas, devem ser examinados através de uma ótica diferente da ortodoxa, adotando-se uma orientação mais interdisciplinar, na qual teorias jurídicas, econômicas e organizacionais possam ser seletivamente combinadas.

Foi essa nova maneira de pensar que propiciou o surgimento de teorias aplicadas a problemas econômicos reais dentro das empresas, como a chamada Teoria da Agência que pode ser considerada a base conceitual na qual a Governança Corporativa está estruturada.[5]

2 Separação entre propriedade e gestão

Conforme dito anteriormente, a separação entre propriedade e gestão, sobretudo nas grandes empresas, pode provocar conflitos de interesses entre gestores e proprietários que, somados aos conflitos de interesses entre acionistas minoritários e acionistas controladores, deram origem às preocupações com a governança no mundo corporativo.

Especialmente nas empresas de capital aberto, podemos constatar a separação entre os provedores de capital (acionistas e credores) e aqueles que controlam e gerenciam esse capital (gestores). Essa separação e os conflitos que dela se originam criam a demanda por mecanismos de governança.[6]

Para compreender melhor, devemos considerar a impossibilidade do processo de decisão ser realizado pelos próprios acionistas, que dessa forma delegam autoridade e certo grau de autonomia aos gestores da empresa.[7] Neste ponto, poderíamos sugerir a seguinte pergunta: os gestores não são confiáveis? De fato, parece-nos que apenas uma resposta positiva justificaria as preocupações com mecanismos de governança e controle nas empresas.

---

[5] O Capítulo 2 deste livro aborda aspectos da estrutura conceitual da governança, apresentando os principais conceitos relacionados à Teoria da Agência.

[6] Gillan (2006).

[7] Álvares et al. (2008).

Um bom exemplo desse tipo de análise é fornecido no famoso livro de Adam Smith, *An Inquiry into the Nature and Causes of the Wealth of Nations*, publicado em 1776. Adam Smith escreveu que não se pode esperar que os gestores cuidem das companhias com a mesma vigilância dos proprietários. Esse texto tornou-se um clássico sobre os conflitos de interesses inerentes ao mundo corporativo.[8] Desde então, parece haver consenso na literatura de que o poder executivo dado aos gestores pode ser utilizado de forma abusiva, acarretando, em alguns casos, a expropriação da riqueza dos proprietários.

Para explicar o aparecimento da separação entre propriedade e gestão nas empresas, Andrade e Rossetti (2011) destacam que o desenvolvimento do mercado de capitais, durante o século XX, e o aumento do número de acionistas acarretaram a pulverização da propriedade dentro das companhias. Com isso, pôde-se perceber que a propriedade das grandes empresas passou dos "proprietários de direito" para os "proprietários de fato", ficando os acionistas praticamente impotentes para atuar na gestão da sua propriedade.

As boas práticas de governança corporativa sugerem a existência de normas de conduta para gestores e funcionários, abrangendo diversos assuntos como, por exemplo:

- cumprimento das leis e pagamento de tributos;
- operações com partes relacionadas;
- uso de ativos da organização;
- informações privilegiadas;
- política de negociação das ações da empresa;

---

[8] Trecho original de Adam Smith (1776): *"The directors of such [joint-stock] companies, however, being the managers rather of other people's money than of their own, it cannot well be expected, that they should watch over it with the same anxious vigilance with which the partners in a private copartnery frequently watch over their own. Like the stewards of a rich man, they are apt to consider attention to small matters as not for their master's honour, and very easily give themselves a dispensation from having it. Negligence and profusion, therefore, must always prevail, more or less, in the management of the affairs of such a company."*

- processos judiciais e arbitragem;
- prevenção e tratamento de fraudes;
- pagamentos ou recebimentos questionáveis;
- recebimento de presentes e favorecimentos;
- doações;
- atividades políticas; e
- nepotismo.

3 Proteção aos acionistas minoritários

Além dos conflitos entre proprietários e gestores, existe ainda a possibilidade de conflitos entre acionistas minoritários e acionistas controladores. Para avaliar melhor esse argumento, considere que, especialmente em empresas com estrutura de propriedade concentrada, existe uma grande probabilidade de expropriação da riqueza dos acionistas minoritários, sempre que os acionistas controladores agirem em interesse próprio.

Conforme dito anteriormente, foi o ativismo dos investidores, no final do século passado, que chamou a atenção da opinião pública para a expropriação dos acionistas não pertencentes ao bloco controlador, ocasionada, principalmente, pela falta de mecanismos que garantissem os seus interesses.

Em sua essência, a governança corporativa deve ser capaz de proteger os direitos dos acionistas minoritários. Esse dever captura o objetivo de assegurar tratamento equânime a todos os acionistas (majoritários, minoritários, nacionais, e estrangeiros). O Código Civil brasileiro destaca essa preocupação ao garantir aos acionistas minoritários, que representarem pelo menos um quinto do capital social, o direito de eleger, separadamente, um dos membros do conselho fiscal e o respectivo suplente.[9]

---
[9] Lei nº 10.406/2002, art. 1.066.

Para compreender melhor ainda a importância da proteção aos minoritários e as diretrizes de governança nesse sentido, apresentamos, a seguir, uma síntese dos Princípios de Governança Corporativa da OCDE relacionados aos direitos dos acionistas:

1 – Direitos dos acionistas:

- Obter informações relevantes.
- Voz e voto nas assembleias gerais.
- Eleger e destituir conselheiros.
- Participar de decisões relevantes: alterações do contrato social, cisões etc.

2 – Tratamento equânime dos acionistas:

- Dentro de uma mesma categoria, os mesmos direitos de voto.
- Proteção dos minoritários contra ações abusivas por parte dos controladores.
- Igualdade quanto a procedimentos para a participação em assembleias.
- Proibição de práticas referentes a informações privilegiadas.

Esses princípios têm muito em comum. Frases como "obter informações" e "voz e voto" sugerem que a lente da proteção dos minoritários focaliza a "igualdade" dos direitos entre minoritários e controladores. Contudo, esses princípios, mesmos que efetivamente praticados, não são remédio para tudo e, conforme será visto ao longo deste livro, outros mecanismos de governança fazem-se, também, necessários.

4 Marcos históricos

(HAMILTON, 2001, p. 5) explica que o mercado de capitais nos EUA, no início da década de 1980, caracterizava-se por uma propriedade pulverizada, ou seja, nenhum acionista detinha, sozinho, uma parcela expressiva da empresa. A administração estava a cargo do CEO que muitas vezes também era o presidente do conselho de administração. Os acionistas eram passivos e não acompanhavam de perto as decisões tomadas pela diretoria. Quando insatisfeitos, vendiam suas ações.

Vários acontecimentos, ocorridos nas décadas de 1980 e 1990, foram marcantes para o surgimento e evolução dos debates sobre governança corporativa. Nesse período, investidores, em toda parte do mundo, foram surpreendidos por uma série de colapsos em empresas recém-auditadas e por grandes aumentos nas remuneração dos gestores. Ademais, conselheiros tornaram-se suspeitos de práticas questionáveis de governança, em diversas investigações sobre fraudes corporativas.

Tudo isso trouxe uma onda de revolta entre os acionistas dessas empresas e a opinião pública passou a exigir por reformas capazes de reduzir os conflitos de interesses nos processos de auditoria e de fortalecer a independência dos conselhos de administração.

Há muito a dizer sobre o processo de desenvolvimento da governança corporativa no mundo: a publicação dos primeiros códigos, a criação de organizações destinadas a promover os princípios de boa governança, a aprovação de leis que determinam a aplicação desses princípios dentro das empresas, e outros fatores que levaram à difusão dos conceitos de governança. Para conhecer melhor esse processo, os principais marcos históricos, relacionados ao surgimento da governança corporativa, no Brasil e no mundo, estão apresentados na **Figura 1.1** e na **Figura 1.2**.

- **1992** – Publicação do Relatório *Cadbury*, primeiro código de boas práticas de governança corporativa, na Inglaterra.
- **1995** – Criado o *International Corporate Governance Network* (ICGN) organização global sem fins lucrativos com representantes de 50 países com o objetivo de difundir os princípios de boa governança.
- **1998** – Publicação do *Combined Code*, relatório britânico produzido pelo Comitê Hampel.
- **1999** – Publicação do *Principles of Corporate Governance*, código da OCDE.
- **2002** – Em resposta aos escândalos corporativos envolvendo empresas americanas, o congresso norte-americano aprova a Lei *Sarbanes-Oxley* (SOX).
- **2005** – A OCDE lança diretrizes de boa governança para empresas estatais.
- **2006** – O ICGN lança diretrizes de governança relacionadas à remuneração dos executivos.
- **2009** – Prêmio Nobel de Economia para Ostrom e Williamson por seus estudos relacionados à governança.

Fonte: http://www.ibgc.org.br.

Figura 1.1   *Marcos históricos no mundo.*

- **1995** – Fundação do Instituto Brasileiro de Conselheiros de Administração (IBCA), atual IBGC.
- **1999** – Publicação do nosso primeiro código de governança o Código das Melhores Práticas de Governança Corporativa do IBGC.
- **2000** – A Bovespa lança os segmentos diferenciados de governança corporativa: Nível 1, Nível 2 e Novo Mercado.
- **2001** – Reforma da Lei das S.A. pela Lei 10.303/2001.
- **2002** – Lançamento da "Cartilha de Recomendações sobre Governança" da CVM, aplicáveis às companhias abertas brasileiras.

- **2009** – Em iniciativa inédita no Brasil, a Usiminas divulga remuneração dos administradores em seu relatório anual de 2008.
- **2010** – 4ª edição do Código das Melhores Práticas de Governança Corporativa do IBGC.

Fonte: http://www.ibgc.org.br.

Figura 1.2 *Marcos históricos no Brasil.*

O lançamento do primeiro código de boas práticas de governança – o Relatório *Cadbury* –[10] influenciou não apenas a gestão das empresas do Reino Unido. Posteriormente, Canadá, Estados Unidos, França, Brasil, e outros países também editaram seus códigos de boa governança.

Em 1995, foi criado o *International Corporate Governance Network* (ICGN), organização global sem fins lucrativos com representantes de 50 países com o objetivo de difundir os princípios de boa governança.

A seguir, em 1999, a OCDE lançou o primeiro código em nível internacional, redigido por um organismo multilateral, intitulado *Principles of Corporate Governance*. Ainda em 1999, no Brasil, o IBGC lançou o Código das Melhores Práticas de Governança Corporativa, que nesta primeira versão, tinha como foco o funcionamento, a composição e as atribuições do conselho de administração.[11]

Em 2002, em resposta aos novos escândalos corporativos envolvendo empresas americanas, o congresso norte-americano aprovou a Lei Sarbanes-Oxley (SOX) que, ao longo de seus 700 artigos, contém disposições rígidas sobre governança corporativa, notadamente sobre a conduta dos gestores. No mesmo ano, no Brasil, a CVM lançou sua Cartilha de Recomendações sobre Governança, aplicáveis às companhias abertas brasileiras.

---

[10] O Capítulo 5 analisa os preceitos do Relatório *Cadbury* e de outros importantes códigos de governança.

[11] Para maiores detalhes, ver <*www.ibgc.org.br*>.

Problemas:

1) De que maneira a governança corporativa pode otimizar o desempenho da empresa?

2) Quais são os dois tipos de conflitos de interesses que, segundo a literatura, deram origem às preocupações com a governança das empresas?

3) De modo geral, quais eram as principais reivindicações dos movimentos ativistas no final do século passado?

4) Destaque alguns princípios de governança corporativa da OCDE, relacionados aos direitos dos acionistas minoritários.

5) Qual é o nome do primeiro código de boas práticas de governança corporativa e em que país ele foi publicado?

6) Você considera que a governança das empresas seja uma obra acabada? Por quê?

2

Estrutura Conceitual: a Teoria da Agência

Conforme visto no capítulo anterior, a ruptura com a teoria econômica ortodoxa propiciou o surgimento de teorias que refletem melhor o mundo real. A **Teoria da Agência**, por exemplo, estuda os chamados **conflitos de agência** que são decorrentes, entre outros motivos, da separação entre propriedade e gestão.

A Teoria da Agência é considerada como a estrutura conceitual na qual a governança corporativa está fundamentada. Ela engloba importantes conceitos econômicos que serão estudados neste capítulo como a teoria contratual da firma, a relação agente-principal, os custos de agência, informações assimétrica, risco moral e seleção adversa.

Formalizada por Jensen e Meckling (1976), a Teoria da Agência está estruturada na **relação de agência**, também conhecida como **relação agente-principal**, em que os conflitos podem ser explicados pelo mau comportamento do agente e pela impossibilidade de se realizar um contrato completo, capaz de prever todas as contingências futuras.

1 Contratos completos *versus* racionalidade limitada

Caso todas as contingências futuras pudessem ser descritas *ex ante* nos contratos, ter-se-ia um contrato completo, onde as responsabilidades e direitos de cada parte, para cada eventual contingência, estariam previamente estabelecidos. Entretanto, em virtude da natureza humana ser dotada de racionalidade limitada,[1] conclui-se que os contratos estabelecidos entre os agentes econômicos não são completos, no sentido de que não conseguem estabelecer, de maneira exata, como deve ser o comportamento das partes em todas as circunstâncias possíveis e nem a forma como os custos e benefícios realizados devem ser alocados.[2]

Alchian e Demsetz (1972), ao desenvolverem as ideias estabelecidas anteriormente em Coase (1937) sobre a **Teoria da Firma**, enfatizaram a importância dos contratos, dentro das atividades desenvolvidas pelas empresas. Por meio deles, é possível estabelecer as recompensas, os custos e os objetivos de cada uma das partes. Entretanto, já sabemos que um contrato completo, que proteja os interesses do principal contra desvios de comportamento do agente, é impossível de ser realizado na prática. Isso explica o surgimento das preocupações com a governança das empresas, uma vez que não haveria a necessidade do debate sobre governança corporativa caso estivéssemos em um mundo no qual todas as contingências futuras pudessem ser descritas *ex ante* nos contratos.[3]

---

[1] Conforme explica Besanko et al. (2006), racionalidade limitada refere-se aos limites da capacidade dos indivíduos de processarem informações, lidar com a complexidade e buscar objetivos racionais.

[2] Milgrom e Roberts (1992; p.127).

[3] Zingales (1998).

2 A relação agente-principal

Para compreendermos melhor os motivos que levam o principal a preocupar-se com o comportamento futuro do agente, devemos, em primeiro lugar, aprofundar o entendimento sobre as relações agente-principal. Essas relações, conforme destacam Jensen e Meckling (1976), podem ser estruturadas por meio de um contrato no qual uma pessoa (o principal) remunera outra (o agente) para executar uma ação em seu nome, delegando, ao agente, alguma autoridade para a tomada de decisões.

O problema decorrente das relações de agência está no entendimento de que, se ambas as partes buscam maximizar suas próprias utilidades, existem boas razões para se acreditar que o agente não agirá sempre de acordo com os melhores interesses do principal.

Silveira (2010), ao investigar o surgimento da governança corporativa, argumenta que a raiz dos problemas de governança, ou dos problemas de agência, é mais antiga do que os textos de Adam Smith, pois esses problemas estão relacionados fundamentalmente à natureza humana que procura maximizar, ao longo da vida, seu bem-estar pessoal.[4]

Se por outro lado, estivéssemos no chamado "Mundo Ideal", o objetivo da empresa de maximizar a sua riqueza seria alcançado, pelo desempenho dos gestores contratados por ela, conforme destacado na **Figura 2.1**.

---

[4] Silveira (2010, p. 34).

- Os acionistas contratam gestores para administrar suas empresas.

  ↓

- Os gestores deixam de lado seus interesses pessoais e maximizam o lucro da empresa e o preço das ações.

  ↓

- O valor da empresa é aumentado.

  ↓

- A riqueza dos acionistas é maximizada.

Fonte: Adaptada de Damodaran (2004).

Figura 2.1 *A relação de agência no mundo ideal.*

Entretanto, principal e agente têm objetivos diferentes, uma vez que suas recompensas e seus custos também são distintos. Dessa forma, a **Figura 2.2** parece refletir melhor o mundo real.

Sujeito	Recompensa (R)	Custo (C)	Objetivo
Agente	Remuneração e benefícios indiretos, oriundos das tarefas realizadas.	Quaisquer custos em que incorra para realizar a tarefa.	Maximizar (R – C) próprio.
Principal	Maximização da sua riqueza (como resultado das ações do agente).	A remuneração paga ao agente.	Maximizar (R – C) próprio.

Fonte: Adaptada de Besanko et al. (2006).

Figura 2.2 *Os objetivos do agente e do principal.*

Conforme a **Figura 2.2**, ambas as partes buscam maximizar suas próprias utilidades, ou seja, o resultado líquido entre as recompensas e os custos incorridos. O principal contrata e remunera o agente para que maximize a sua riqueza (o valor da empresa). O agente, por outro lado, tem na remuneração a sua principal recompensa, além de benefícios pessoais e materiais inerentes ao cargo.

O problema maior consiste no fato de o agente estar disposto ou não a abrir mão de seus interesses pessoais para a melhor realização da tarefa. Por exemplo, o agente pode não estar interessado em abdicar das suas horas de lazer para maximizar a riqueza do principal, uma vez que isso aumentaria o custo da sua ação e pode não significar um aumento na sua recompensa.

Mesmo que o principal busque estipular no contrato aquilo que seria o melhor comportamento do agente, isso não significa que tudo será cumprido pelo agente, uma vez que esse dispõe de certa liberdade para agir.

Conforme destaca Fiani (2006), a liberdade para o agente agir de forma diferente daquilo que foi estipulado no contrato pelo principal, resulta, em geral:

(a) da impossibilidade ou dificuldade do principal em observar o desempenho do contratado;

(b) da autonomia de decisão do agente; e

(c) das diferenças nas preferências do principal e do agente.

Restaria ao principal, como forma de assegurar o cumprimento daquilo que foi estabelecido no contrato, controlar o comportamento do agente por meio de **monitoramento** e de **incentivos**. Por outro lado, como será visto a seguir, essas medidas também acarretam custos para as empresas.

3 Os custos de agência

Os conflitos dentro das empresas, quando ocasionados pela separação entre propriedade e gestão, são conhecidos como **conflitos de agência**. Williamson (1988) relacionou algumas ações, por parte dos gestores, que podem ser consideradas como causadoras de conflitos de agência:

- investimentos não lucrativos que evitaram a distribuição de dividendos;
- utilização de recursos da empresa com objetivos pessoais;
- expor a empresa a riscos elevados; e
- elevada remuneração dos gestores.

Para Damodaran (2004), a forma mais rápida e talvez a mais decisiva de empobrecer os acionistas é pagar em demasia em uma tomada de controle acionário, pois transfere a riqueza dos acionistas da empresa compradora para aqueles da empresa adquirida, e os montantes envolvidos podem ser assombrosos em alguns casos. Evidentemente que, para os acionistas da empresa adquirida, essa é uma operação vantajosa. Entretanto, os gestores dessa empresa podem presumir que o processo de aquisição signifique o fim do seu período como administrador e passem a utilizar medidas para evitar a aquisição (medidas *antitakeover*). Nesse caso, essas medidas serão contrárias aos interesses dos acionistas; tem-se, aí, outra forma de conflito de agência.

Alchian e Demsetz (1972) sugerem, para os problemas criados pelos conflitos de interesses, a necessidade de controle das atitudes oportunistas por meio de sistemas de monitoramento e de incentivos. Entretanto, implantar tais sistemas acarreta para as empresas os chamados **custos de agência**.

Arrow (1985) esclarece que os custos de agência surgem quando o principal não consegue monitorar perfeitamente e sem custos as ações e as informações do agente. De uma forma mais detalhada, Jensen e Meckling (1976) identificaram como custos de agência:

(a) custos para estruturação e elaboração dos contratos;
(b) custos de monitoramento;
(c) custos com sistemas complexos de informações gerenciais;
(d) custos com sistemas de incentivos que tentem harmonizar os interesses.

4 Informação assimétrica

Ampliando a discussão acerca da abrangência efetiva dos contratos, Besanko et al. (2006) identificam mais dois fatores que impedem a contratação completa: as dificuldades em especificar ou mensurar o desempenho e a existência de informação assimétrica.

A mensuração do desempenho surge da necessidade do principal incentivar o esforço do agente de forma a garantir o alinhamento dos interesses de ambas as partes.[5] Já o problema da **informação assimétrica** surge quando as partes envolvidas em uma mesma transação possuem informações diferentes ou, ainda, quando não possuem o mesmo acesso a todas as informações.

Sem dúvida, a assimetria de informações é encontrada em muitas situações econômicas. Por exemplo, para os acionistas minoritários, obter informações a respeito do desempenho dos gestores da sua empresa pode ser algo improvável.

---

[5] Este assunto será discutido na segunda parte deste livro, onde serão analisadas as políticas de remuneração e de incentivos utilizadas pelas empresas de forma geral.

No mundo real, descrito nas seções anteriores, torna-se difícil para o principal avaliar o comportamento e a produtividade do agente. Isso ocorre uma vez que o agente pode escolher seu nível de esforço, mas o principal não consegue examiná-lo perfeitamente. Dessa forma, o possível mau comportamento do agente, *ex post* ao contrato, pode não ser observado pelo principal. Tem-se, aí, o problema de informação assimétrica.

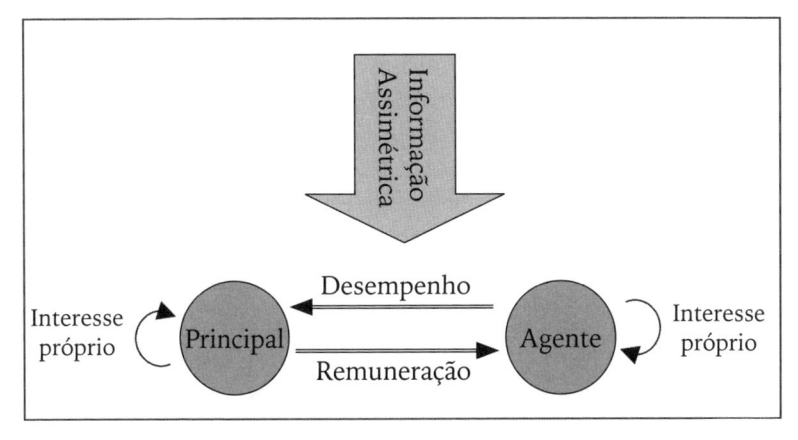

Fonte: http://en.wikipedia.org/wiki/Principal-agent_problem.

Figura 2.3   *A teoria da agência e a assimetria de informação.*

A **Figura 2.3** mostra a ideia básica da teoria da agência, em um ambiente com informação assimétrica, com ambas as partes agindo em interesse próprio e, ao mesmo tempo, trocando remuneração por desempenho e vice-versa.

5   Risco moral e seleção adversa

Conforme visto, o conceito de assimetria de informação refere-se ao fato de alguns agentes possuírem determinadas informações e outros não. Existem dois tipos de informação assimétrica: o risco moral e a seleção adversa.[6]

O **risco moral** refere-se à possibilidade de que o comportamento do agente possa ser alterado *ex post* ao contrato. Por outro lado, a **seleção adversa** diz respeito à impossibilidade do principal prever o comportamento do agente a ser contratado, porque o esforço e a competência do agente não podem ser determinados *ex ante*.

Varian (2006, p. 753) descreve muito bem as diferenças entre os conceitos de risco moral e seleção adversa:

> "[...] *O risco moral se refere a situações em que um lado do mercado não pode observar as ações do outro. Por esse motivo é algumas vezes chamado problema da ação oculta. A seleção adversa se refere à situação em que um lado do mercado não pode observar o 'tipo' ou a qualidade dos bens no outro lado do mercado. Por esse motivo é às vezes chamado de problema da informação oculta.*"

Tirole (2006) destaca que a série de escândalos corporativos ao redor do mundo reforçou a percepção de que os gestores são inobserváveis e o risco moral pode vir de diversas formas como, por exemplo, esforço insuficiente, investimentos extravagantes, estratégia de entrincheiramento para garantirem seus cargos e negociações em benefício próprio. Atitudes, essas, contrárias aos interesses dos acionistas e das demais partes interessadas no sucesso da empresa.

Por fim, pode-se concluir que assimetrias de informação, risco moral e seleção adversa são problemas reais enfrentados pelas empresas e que podem ser minimizados pelas estruturas de governança, implantadas de forma eficaz. Dessa forma, reforça-se mais uma vez a ideia de que as demandas por estruturas de governança, no mundo real descrito ao longo deste capítulo, surgem com o objetivo de:

---

[6] Mankiw (2010).

- reduzir os custos de agência, provocados pelos conflitos de interesses;
- reduzir a assimetria informacional;
- garantir o tratamento equitativo dos acionistas;
- proteger os proprietários contra a expropriação por parte dos gestores.

6 Os problemas de agência nas companhias brasileiras

Em relação aos problemas de agência nas companhias brasileiras, o principal conflito ocorre entre acionistas controladores e acionistas minoritários. Enquanto o mercado norte-americano é caracterizado pela pulverização do controle acionário – o que torna os gestores mais livres para tomadas de decisões que possam acarretar a expropriação dos proprietários –, nas companhias abertas brasileiras, ao contrário, existe um controle acionário muito mais concentrado, o que permite, aos acionistas controladores, monitorar com maior facilidade a gestão da empresa.

De forma semelhante ao que ocorre nas empresas familiares, esse argumento é contrário à aceitação da ideia de completa separação entre propriedade e gestão, no Brasil. Vários trabalhos, como Leal et al. (2007) e Silveira et al. (2007), mostram que, na maioria das grandes companhias, os três maiores acionistas possuem, em média, mais de 75% do capital votante.

Em suma, em que pesem os dispositivos legais para proteção aos minoritários e o pequeno ativismo desses investidores no Brasil, o conflito entre controladores e minoritários ainda é o principal conflito de interesse a ser esperado nas grandes companhias brasileiras.

Problemas:

1) Qual é o nome da teoria na qual a estrutura conceitual da governança corporativa está fundamentada? Como são chamados os conflitos estudados por ela?

2) Comente a afirmação de que, em uma Relação de Agência, as recompensas e os custos do agente e do principal são diferentes.

3) O principal, para assegurar o cumprimento daquilo que foi estabelecido no contrato, pode controlar o comportamento do agente por meio de quais mecanismos de gestão?

4) Cite algumas ações dos gestores, comentadas por Williamson (1988), que podem ser consideradas como causadoras de conflitos de agência.

5) Descreva as diferenças entre *risco moral* e *seleção adversa*.

6) Em relação aos problemas de agência, qual é o principal tipo de conflito verificado nas companhias brasileiras?

7) Comente sobre a principal diferença na estrutura de controle das empresas brasileiras e norte-americanas.

3

Aspectos Básicos da Governança Corporativa

Este capítulo apresenta conceitos fundamentais, relacionados à teoria geral da governança corporativa, em conformidade com a maior parte da literatura vigente, tais como: os princípios, os modelos e a estrutura de governança. O capítulo inicia-se buscando apresentar algumas definições de governança corporativa, presentes na literatura.

1 Definições de governança corporativa

Na introdução do Capítulo 1, definimos inicialmente governança corporativa como o sistema de controles, regulamentações e incentivos, delineado para proteger os interesses dos proprietários. Podemos agora, utilizando os conceitos apresentados no Capítulo 2, defini-la, ainda, como o conjunto de mecanismos utilizado pelas empresas para reduzir os seus custos de agência.

Por outro lado, definir governança corporativa não é uma tarefa fácil. Pois, conforme escreveu Stuart Gillan,[1] depende do ponto de vista que cada um de nós tem sobre o mundo. Em suma, a definição do que seja governança não é a mesma entre economistas, contadores e advogados, por exemplo.

---

[1] Gillan (2006).

Para alguns, a governança corporativa é vista como uma importante ferramenta de salvaguarda dos bens patrimoniais, ligada aos sistemas de controle interno das empresas. Outros estudam a governança corporativa para entender como o direito societário lida com os diversos conflitos de interesses existentes dentro de uma organização. Por outro lado, muitos pesquisadores em finanças corporativas parecem mais interessados nos efeitos da boa governança sobre o desempenho e o valor da empresa.

Há muito a dizer sobre a visão da governança corporativa da perspectiva de múltiplas lentes disciplinares. Entretanto, se buscarmos no dicionário um significado para "governança", encontraremos as palavras "direção", "governo" e "controle". Essa definição está bem próxima daquela apresentada no primeiro código mundial de governança corporativa – o Relatório *Cadbury* –, onde a governança é descrita como "o sistema pelo qual as companhias são dirigidas e controladas". Essa definição foi repetida e ampliada no Código do IBGC:

> "*Governança Corporativa é o sistema pelo qual as organizações são dirigidas, monitoradas e incentivadas, envolvendo os relacionamentos entre proprietários, Conselho de Administração, Diretoria e órgãos de controle. As boas práticas de Governança Corporativa convertem princípios em recomendações objetivas, alinhando interesses com a finalidade de preservar e otimizar o valor da organização, facilitando seu acesso a recursos e contribuindo para sua longevidade.*"

Por fim, a OCDE, em *Principles of Corporate Governance*, de 1999, define a governança corporativa como o conjunto de relações entre a administração de uma empresa, seu conselho de administração, seus acionistas e outras partes interessadas, proporcionando a definição dos objetivos da empresa, como atingi-los e a fiscalização do desempenho. Vejamos, a seguir, algumas definições de governança corporativa, presentes na literatura:

REFERÊNCIAS	DEFINIÇÕES
Relatório Cadbury (1992)	É o sistema pelo qual as companhias são dirigidas e controladas.
Shleifer e Vishny (1997)	Conjunto de mecanismos pelos quais os provedores de capital garantem que obterão para si o retorno sobre o seu investimento.
Gillan e Starks (1998)	Sistema de leis, regras e demais fatores que controlam as operações da empresa.
OCDE (1999)	Conjunto de relações entre a administração de uma empresa, seu conselho de administração, seus acionistas e outras partes interessadas.
CVM (2002)	Conjunto de práticas que tem por finalidade otimizar o desempenho de uma companhia ao proteger todas as partes interessadas, tais como investidores, empregados e credores, facilitando o acesso ao capital.
IBGC (2009)	Sistema pelo qual as sociedades são dirigidas e monitoradas, envolvendo os relacionamentos entre acionistas, conselho de administração, diretoria, auditoria independente e conselho fiscal.

Fonte: Autor.

Figura 3.1 *Definições de governança corporativa.*

Essas definições têm muito em comum. Frases como "relações entre a administração e outras partes" e "relacionamentos entre acionistas e outras partes" sugerem que a governança busca servir de canal de comunicação entre todas as partes interessadas na organização. A ênfase em "dirigidas", "controladas" e "monitoradas" sugere que a governança está associada à supervisão e ao comando das ações que sejam provenientes da gestão empresarial, buscando, portanto, intervir no rumo tomado pela empresa.

2 Princípios básicos

A OCDE e a Lei *Sarbanes-Oxley* estabeleceram o que conhecemos hoje por princípios básicos de governança corporativa. Esses princípios também estão presentes no Código das Melhores Práticas de Governança Corporativa do IBGC. Seus objetivos estão focados nas boas práticas de governança e descritos a seguir:

1) Transparência (*Disclosure*)

Toda informação que possa influenciar decisões de investimentos deve ser divulgada imediata e simultaneamente a todos os interessados. Ou seja, os responsáveis pela divulgação devem disponibilizar todas as informações que possam ser do interesse das partes relacionadas à empresa e não apenas aquelas impostas por disposições de leis ou regulamentos, assegurando-se de que essa comunicação seja feita com clareza; para isso é fundamental que prevaleça a essência sobre a forma.

O IBGC sugere que a Diretoria deve buscar uma linguagem acessível ao público-alvo em questão. As informações devem ser equilibradas e de qualidade. A comunicação deve abordar tanto os aspectos positivos quanto os negativos, de modo a oferecer aos interessados uma correta compreensão da organização. Não deve restringir-se ao desempenho econômico-financeiro, contemplando também os demais fatores (inclusive intangíveis) que norteiam a ação gerencial e que conduzem à criação de valor. Por fim, Internet e outras tecnologias devem ser exploradas para buscar a rapidez e a ampla difusão de tais informações, uma vez que a adequada transparência resultará em um clima de confiança, tanto internamente quanto nas relações da empresa com terceiros.

O princípio da transparência encontra-se, também, presente na lei societária brasileira, conhecida como Lei das S.A. (Lei nº 6.404/76), em pelo menos três dispositivos. O primeiro impõe ao acionista controlador da companhia aberta e ao grupo de minoritários, com influência na administração, o dever de informar imediatamente as modificações em suas posições acionárias, na companhia, à CVM e à Bovespa.

O segundo impõe o dever de informação a toda companhia aberta, garantindo a qualquer acionista o direito de requisitar, aos gestores, esclarecimentos por escrito.

Finalmente, o terceiro dispositivo determina que os gestores devam, também, informar à CVM e às Bolsas de Valores quaisquer modificações em suas participações acionárias no capital das empresas que administram.

2) Equidade (*Fairness*)

Caracteriza-se pelo tratamento justo de todos os sócios e demais partes interessadas. Atitudes ou políticas discriminatórias, sob qualquer pretexto, são totalmente inaceitáveis. A OCDE recomenda, por exemplo, que:

1. Dentro de uma mesma categoria, todos os acionistas devem ter os mesmos direitos de voto. Todos os investidores devem ter a possibilidade de obter informações sobre os direitos de voto relativos a todas as categorias de ações antes de comprá-las. Quaisquer mudanças nos direitos de voto devem ser sujeitas à votação dos acionistas.

2. Os processos e procedimentos para assembleias gerais de acionistas devem permitir tratamento igual de todos os acionistas. Os procedimentos da empresa não devem tornar a votação indevidamente difícil ou onerosa.

Também pautada por esse princípio, a SOX determina que a remuneração do CEO deva ser aprovada pelo Conselho de Administração, ao mesmo tempo em que veda a concessão de empréstimos pessoais a diretores executivos.

No Brasil, a Lei das S.A. determina que a proporção de ações preferenciais (sem direito a voto) em relação ao total de ações, para as companhias fechadas e as que abrirem seu capital a partir da vigência da lei, não pode ultrapassar 50%. Essa fórmula garante, sem dúvida, maior representatividade do capital social em ações ordinárias com direito a voto e um tratamento mais equânime entre os acionistas.

Outro bom exemplo de aplicação do princípio da equidade, pela nossa lei societária, pode ser encontrado na garantia do direito dado aos acionistas sem direito a voto e detentores de mais de 10% do capital de eleger um membro do conselho de administração e seu suplente. Esse quórum pode ser atingido também pelo direito conferido aos minoritários, detentores de pelo menos 15% das ações com direito a voto, de agregarem suas ações, caso não possuam sozinhos o percentual exigido.

A lei societária aplica, ainda, o princípio da equidade ao prever a participação de representantes dos empregados, escolhidos por votação, no conselho de administração da empresa.

3) Prestação de Contas (*Accountability*)

Os agentes de governança[2] devem prestar contas de sua atuação, assumindo integralmente as consequências de seus atos e omissões. A SOX determina a constituição de um comitê de auditoria, para acompanhar o desempenho dos auditores externos. O comitê deve ter independência em rela-

---

[2] Para o IBGC, o termo "agentes de governança" refere-se aos sócios, administradores (conselheiros de administração e executivos/gestores), conselheiros fiscais e auditores.

ção ao conselho de administração e não possuir nenhum integrante que faça parte da direção executiva da empresa.

O IBGC recomenda que a empresa deva divulgar, em seu *website*, de forma completa, objetiva, tempestiva e igualitária, relatórios periódicos informando sobre todos os aspectos de sua atividade empresarial, inclusive os de ordem socioambiental, operações com partes relacionadas, custos das atividades políticas e filantrópicas, remuneração dos administradores, riscos, e informações econômico-financeiras, entre outras exigidas por lei. Esses relatórios devem conter ainda relatos sobre as atividades do Conselho e seus comitês, assim como um detalhamento do modelo de gestão e de governança.

Na Lei das S.A., o princípio da prestação de contas destaca-se nos artigos que dispõem sobre a obrigação do liquidante em convocar a assembleia geral para prestar-lhe contas de sua gestão; nas disposições a respeito das responsabilidades dos acionistas e dos membros do conselho fiscal; e nos artigos que tratam das demonstrações financeiras de publicação obrigatória.

4) Responsabilidade Corporativa (*Compliance*)

Andrade e Rossetti (2011) destacam que a responsabilidade corporativa abrange um amplo conjunto de compromissos, os quais podem ser segregados em três dimensões:

- dimensão econômico-financeira: maximização do valor da companhia; gerenciamento de riscos; e comprometimento com os códigos e princípios de governança;
- dimensão social: compromisso com causas de interesses sociais e dos direitos humanos etc.;
- dimensão ambiental: compromissos com a qualidade ambiental, certificações etc.

Em suma, os agentes de governança devem zelar pela sustentabilidade das organizações, visando à sua longevidade, incorporando considerações de ordem social e ambiental na definição dos negócios e operações. Aos agentes cabe estritamente o cumprimento das leis e regulamentos. A SOX sugere, ainda, a adoção pelas empresas de um código de ética para seus principais gestores.

Na lei societária brasileira, encontra-se um artigo que trata das responsabilidades dos administradores e que determina que o gestor deva exercer *"as atribuições que a lei e o estatuto lhe conferem para lograr os fins e no interesse da companhia, satisfeitas as exigências do bem público e da função social da empresa"*.

Da mesma forma, outro artigo da lei societária dispõe que o acionista controlador deve usar o seu poder com o fim de fazer a companhia realizar o seu objeto e cumprir sua função social, respeitando os direitos de todos os que possuam interesses por suas atividades, tanto internamente (acionistas e empregados), quanto externamente (*stakeholders* e comunidade).

Finalmente, existe ainda a permissão para que o conselho de administração e a diretoria possam autorizar a prática de atos gratuitos que tenham como beneficiários os empregados da companhia ou a comunidade na qual a mesma atue.

3 Os modelos de governança

Os modelos de governança, estabelecidos por cada país, podem ser classificados em dois tipos: o **Sistema *Shareholder*** (em inglês, significa "acionista") e o **Sistema *Stakeholder*** ("parte interessada"). Alguns países, principalmente aqueles em desenvolvimento, como o Brasil, adotam sistemas intermediários, não existindo, portanto, uma definição clara de qual seja a preferência.

Silva (2006), ao analisar os modelos de governança utilizados no mundo, destaca que o modelo anglo-saxão – onde a estrutura de propriedade é relativamente pulverizada – é caracterizado pelo Sistema *Shareholder*. Nele, a principal preocupação dos mecanismos de governança corporativa é com a criação de valor para os acionistas. Ademais, nos países que adotam esse sistema, existe uma forte proteção jurídica aos investidores.

Por outro lado, no modelo germânico – com maior concentração da propriedade – prevalece o Sistema *Stakeholder*. Entre esses países, com objetivos de executar estratégias bem-sucedidas de defesa dos interesses dos trabalhadores e da sociedade, encontramos alguns que dão aos funcionários representação no conselho de administração ou que criam conselhos de trabalhadores que devam ser consultados sobre grandes decisões tomadas pela empresa.

Uma boa definição de quais sejam os objetivos da governança, no modelo dos *Stakeholder*, é fornecida por Jean Tirole, no livro *The Theory of Corporate Finance*. Tirole destaca a amplitude de deveres a que estão sujeitos os gestores de empresas em países com Sistema *Stakeholder*: deveres para com os trabalhadores; deveres para com as comunidades; deveres para com os credores; e deveres éticos. O primeiro diz respeito, por exemplo, à segurança no emprego, devendo-se reprimir a dispensa de trabalhadores em empresas lucrativas. O segundo destaca a importância da empresa na vida da sua comunidade. Um bom exemplo do terceiro dever é a ideia de que as *"empresas não devem maximizar valor para os acionistas em detrimento ao valor do credor"*. Finalmente, Tirole ressalta a importância de deveres éticos relacionados, por exemplo, à proteção do ambiente (mesmo que isso reduza o lucro); à atenção ao trabalho infantil e às minorias; e à correção no pagamento de impostos.[3]

---

[3] Tirole (2006, p. 56).

Além de tudo isso, a participação dos funcionários na tomada de decisões está prevista, inclusive, em algumas constituições desses países, conforme nos mostra a **Figura 3.2**.

País	Funcionários indicam alguns membros do conselho de administração	Conselhos trabalhistas decretados por lei	Previsão constitucional da participação dos funcionários na tomada de decisões
Alemanha	Sim	Sim	Não
Canadá	Não	Não	Não
EUA	Não	Não	Não
França	Não	Sim	Sim
Itália	Não	Não	Sim
Japão	Não	Não	Não
Reino Unido	Não	Não	Não
Suécia	Sim	Não	Não

Fonte: OCDE (2004).

Figura 3.2 *Participação dos funcionários na governança corporativa.*

Analisar a **Figura 3.2** nos ajuda a avaliar melhor os modelos de governança adotados por cada país. Repare, por exemplo, a importância dada pela Alemanha e França à participação dos funcionários na governança das empresas e compare com aquela verificada nos Estados Unidos e no Reino Unido.

Para compreender melhor ainda a estratégia por trás de cada sistema, considere que as ações dos gestores serão efetivamente impactadas pelo modelo de governança adotado pela empresa. Por exemplo, um gestor orientado a maximizar valor para os seus acionistas terá seu objetivo bem definido: otimizar o desempenho, medido pelo valor da ação ou do lucro.

Por outro lado, em empresas com modelos de governança voltados para o conjunto de *stakeholders*, os gestores tornam-se socialmente responsáveis e enfrentam uma variedade de missões, muitas dessas de natureza imensurável.[4]

4 A estrutura de governança

A estrutura de governança de uma empresa refere-se às relações desenvolvidas por essa, tanto no seu ambiente interno, quanto no ambiente externo à empresa. Gillan (2006) capturou a essência desse relacionamento por meio de um modelo que utiliza a estrutura do balanço patrimonial, representado, a seguir, pela **Figura 3.3**.

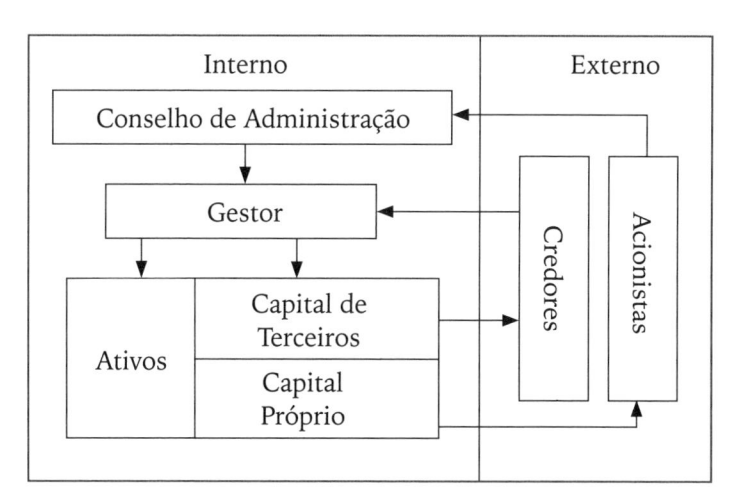

Fonte: Gillan (2006).

Figura 3.3 *Os ambientes da governança (interno e externo).*

---

[4] Tirole (2006, p. 59).

O lado esquerdo, da **Figura 3.3**, representa o ambiente interno da governança da empresa. O conselho de administração, no topo dessa estrutura, tem a responsabilidade de monitorar os gestores, contratando, demitindo e aprovando as políticas de remuneração dos principais executivos da empresa. Por outro lado, aos gestores cabe a gerência do patrimônio da empresa. Dessa forma, observa-se a separação entre os provedores de capital e aqueles que controlam e gerenciam o capital.[5]

O lado direito, da **Figura 3.3**, mostra a relação entre os acionistas e o conselho de administração, bem como o vínculo estabelecido entre os credores e os gestores da empresa. O conselho de administração é escolhido pelos acionistas e deve atuar como seu representante. A decisão sobre os investimentos e financiamentos fica a cargo dos gestores, que devem honrar os compromissos assumidos com os credores e, ao mesmo tempo, maximizar o lucro dos acionistas.

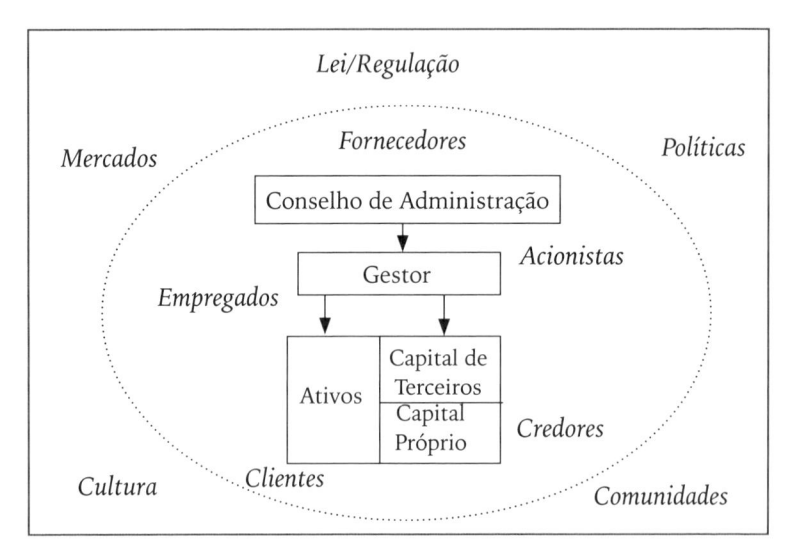

Fonte: Gillan (2006).
Figura 3.4 *A estrutura de governança ampliada.*

---

[5] Gillan (2006, p. 382).

Para ampliar nossa compreensão, Gillan (2006) ensina que a estrutura de governança das empresas, naturalmente, não se restringe aos conselhos de administração, gestores, acionistas e credores. A **Figura 3.4** proporciona uma visão mais abrangente, descrevendo outros participantes da estrutura corporativa. Dessa forma, destaca-se a influência de diversos agentes como, por exemplo, empregados, mercados e governo, além de outros que, também, exerçam controle sobre a gestão das empresas.

Por fim, considere que os interesses e a influência desses agentes, representados na **Figura 3.4**, ampliam e tornam mais complexa a estrutura de governança das empresas, trazendo, com isso, a necessidade de se formularem e executarem várias estratégias capazes de garantir, entre outras coisas, os interesses das partes interessadas e a própria sobrevivência da empresa. Essas estratégias, adotadas para garantir a boa governança, é que serão, a partir de agora, objeto de estudo deste livro.

Problemas:

1) Explique o que você entende por *governança corporativa*.
2) Quais são os princípios básicos de governança corporativa, descritos pela OCDE e presentes na Lei *Sarbanes-Oxley*?
3) Os modelos de governança podem ser classificados em dois tipos. Quais são eles?
4) Comente as diferenças entre o modelo de governança adotado na Alemanha e o chamado modelo anglo-saxão. Qual desses modelos é mais utilizado pelas empresas brasileiras?
5) Detalhe a composição dos ambientes interno e externo de governança.

4

Os Códigos de Governança

Neste capítulo, destacaremos os códigos de governança mais citados na literatura, as semelhanças entre eles, e seus principais objetivos.

E por que estudar os códigos de governança?

Para responder a essa pergunta devemos considerar, em primeiro lugar, que em decorrência dos muitos escândalos corporativos, cresceu a necessidade de se divulgar práticas capazes de preservar a empresa e seus acionistas, garantindo a aplicação dos princípios de governança. Por isso, os códigos contêm práticas e princípios estabelecidos ao longo de anos de observação da gestão corporativa, especialmente no que diz respeito à preservação das empresas sujeitas a conflitos de interesses.

O que se espera é que as práticas e os princípios, descritos nos códigos, venham a orientar conselheiros e gestores da empresa com as melhores práticas de governança, salvaguardando o investimento dos provedores de capital. Em suma, conhecer os códigos de governança é essencial para compreender melhor a fundamentação teórica do que, hoje, se entende por "boa governança".

Por fim, para compreender melhor o alcance dos códigos de governança, deve-se considerar que eles são apenas recomendações. Entretanto, apesar de não possuírem caráter vinculativo, como as leis, exercem uma função educativa na medida em que carregam a autoridade de terem sido elaborados por peritos e organismos independentes.[1]

1 A divulgação dos códigos

A divulgação dos códigos de governança pelo mundo tem sido bastante significativa. Segundo Andrade e Rossetti (2011), até o ano de 2010, mais de 65 países já possuíam algum código de boas práticas e vários outros estavam em fase de preparação.

Apesar de muitos países possuírem seus próprios códigos e ainda existirem outros elaborados por organismos multilaterais, podemos encontrar muitas semelhanças entre os códigos de governança. Normalmente, a maioria deles sugere condutas relacionadas à estrutura e responsabilidade dos conselhos; à remuneração dos gestores; à divulgação dos relatórios financeiros; ao rodízio na auditoria externa; entre outras medidas de controle.

Há muito a dizer sobre os diversos códigos de governança existentes hoje. Entretanto, pela atenção dada pela literatura nacional, daremos mais atenção ao Relatório *Cadbury*, aos Princípios de Governança da OCDE, ao Código das Melhores Práticas do IBGC e à Cartilha da CVM.

1.1 O relatório *Cadbury* (1992)

Divulgado em 1992, na Inglaterra, o Relatório *Cadbury* é considerado o primeiro código de governança, tal qual a conhecemos hoje. Sua criação deve-se, principalmente, à carência de uma maior regulamentação do mercado, por parte do governo britânico. O Relatório busca essencialmente atingir dois princípios da boa governança: prestação de contas e transparência.

---

[1] Tirole (2006).

Para avaliar a importância do Relatório *Cadbury*, devemos considerar que suas recomendações, além de terem influenciado extraordinariamente a gestão das empresas no Reino Unido, tiveram, ainda, efeitos sobre outros países pelo mundo. Outro exemplo dessa importância é citado por Tirole (2006). Ele destaca que a recomendação de separação entre os cargos de presidente do conselho e de CEO, proposta inicialmente pelo Relatório *Cadbury*, foi fundamental para que, em 2004, 95% das maiores companhias do Reino Unido tivessem efetivado essa separação.

Posteriormente, em 1998, foi lançado no Reino Unido o *Combined Code*. Um código de governança que buscou combinar as recomendações do *Cadbury* e de outros comitês, posteriormente criados, para discutir as boas práticas de governança. O **Anexo 4.1** apresenta um resumo do Relatório *Cadbury*.

1.2 Princípios de governança da OCDE (1999)

A OCDE é uma organização multilateral, composta por representantes dos países mais ricos, que busca cooperar para o desenvolvimento econômico das nações. Vários autores têm ressaltado a importância da publicação do código da OCDE para a difusão internacional das práticas de governança.

O código da OCDE teve como principais preocupações os direitos dos acionistas e o tratamento igualitário para com os minoritários. Ele ressalta, ainda, que não existe apenas um modelo único de governança, e aponta para a necessidade de que as empresas busquem atualizar suas práticas de governança dentro de um mundo em constante transformação.

Os princípios são abordados, pela OCDE, dentro de cinco temas: os direitos dos acionistas; o tratamento equânime dos acionistas; o papel das partes interessadas; divulgação e transparência; e as responsabilidades do conselho. Depois de publicados, em 1999, os "Princípios de Governança Corporativa da OCDE" foram endossados pelo Banco Mundial e pelo

FMI.[2] Posteriormente, o ICGN, outro organismo multilateral, lançou seu código de governança baseado nos princípios e práticas estabelecidos pela OCDE e abordando, ainda, outros temas como gestão de risco e políticas de remuneração. O **Anexo 4.2** apresenta um resumo do código da OCDE.

1.3 Código das melhores práticas – IBGC (1999-1ª versão)

No Brasil, em 1999, o IBGC lançou o Código das Melhores Práticas de Governança Corporativa, com foco no funcionamento, na composição e nas atribuições do conselho de administração. Em 2009, foi lançada a 4ª edição do código, ao qual várias outras questões, relativas à boa governança, foram incorporadas.

O código do IBGC está dividido em seis capítulos: Propriedade; Conselho de Administração; Gestão; Auditoria Independente; Conselho Fiscal; Conduta e Conflitos de Interesses. O código foi baseado em similares estrangeiros e pode ser considerado a principal referência sobre as boas práticas de governança no Brasil. O **Anexo 4.3** apresenta um resumo do código do IBGC.

1.4 Cartilha da CVM (2002)

Em 2002, após os escândalos corporativos envolvendo empresas americanas de capital aberto, a CVM lançou sua Cartilha de Recomendações sobre Governança, aplicáveis às companhias abertas brasileiras. Seus quatro capítulos tratam de temas como transparência, conselho de administração, proteção aos acionistas minoritários, e auditoria.[3]

---
[2] (Álvares et al., 2008, p. 32).
[3] Silveira (2005) investigou se as firmas adequadas às recomendações do Instituto Brasileiro de Governança Corporativa (IBGC) e da Comissão de

Como os demais códigos de governança, a Cartilha da CVM não é de adoção obrigatória. Entretanto, a CVM exige que as empresas, dentro das informações anuais, indiquem quais regras sugeridas foram adotadas e expliquem as razões pelas quais possam ter preferido não adotar uma determinada recomendação. O **Anexo 4.4** apresenta um resumo da Cartilha da CVM.

2 As recomendações dos códigos

Conforme visto anteriormente, a OCDE considera que não existe apenas um modelo único de boa governança. Em virtude da variabilidade cultural e do ordenamento jurídico de cada país, os códigos diferem ao redor do mundo.

Entretanto, algumas recomendações comuns podem ser encontradas entre os códigos de diversas nações. A **Figura 4.1** apresenta o estudo realizado por Tirole (2006) sobre as particularidades de vários códigos de governança.

Valores Mobiliários (CVM) alcançaram maior valor de mercado e melhor desempenho. O resultado mais importante mostrou que as firmas que têm pessoas distintas ocupando os cargos de diretor executivo e de presidente do conselho parecem ser mais valorizadas pelo mercado.

	Conselheiros independentes?	Separação entre o papel de presidente do conselho e CEO?	Rodízio de auditor externo?	Frequência de relatórios financeiros?
Brasil Código CVM (2002)	O máximo possível	Recomendado	Não coberto	Trimestral
França Relatório Bouton (2002)	Pelo menos metade do conselho	Sem recomendação	Periodicamente, para auditores-chefes	Sem recomendação
Rússia Código CG (2002)	Pelo menos metade do conselho	Recomendado	Não coberto	Trimestral
Cingapura Comitê GC (1992)	Pelo menos um terço do conselho	Recomendado	Não coberto	Trimestral
Reino Unido Código Cadbury (1992)	A maioria	Recomendado	Periodicamente, para auditores-chefes	Bimestral
Reino Unido *Combined Code* (2003)	Pelo menos metade do conselho	Recomendado	Não coberto	Bimestral
Estados Unidos *Conference Board* (2003)	Significativa maioria do conselho	Separação é uma das três opções aceitáveis	Periodicamente, para a empresa de auditoria	Trimestral

Fonte: Tirole (2006).

Figura 4.1   *Recomendações de alguns códigos de governança.*

Outro aspecto a ser considerado é que, mesmo com o surgimento dos códigos, algumas empresas também têm elaborado seus próprios manuais de governança, sendo considerado como pioneiro o publicado, em 1992, pela *General Motors*. Silveira (2010, p. 219) esclarece que essa é um forma, encontrada pelas empresas, de apresentar aos investidores seu modelo de governança e as principais práticas adotadas.

A prática da boa governança é um processo de evolução contínua, e os códigos devem, portanto, acompanhar esse processo. Dessa forma, as recomendações contidas nos códigos de governança devem ser revistas sempre que houver mudanças significativas no modo de se pensar a governança das empresas.

Por fim, vale considerar que a abertura dos mercados, em nível mundial, pode incentivar a convergência internacional das práticas de governança, de forma semelhante à ocorrida recentemente com as normas de contabilidade, baseadas, agora, em princípios que respeitam a diversidade de características dos países, mas que permitem uma análise mais equânime entre eles.

Anexo 4.1 – Relatório *Cadbury* (1992)*

1 O Conselho de Administração

1.1 O Conselho deverá reunir-se regularmente, manter controle sobre a companhia e monitorar sua diretoria executiva.

1.2 Deverá haver uma divisão de responsabilidades claramente aceita na direção da companhia, que assegurará o equilíbrio de poder e autoridade, para evitar que qualquer pessoa disponha de poder de decisão irrestrito. Quando o presidente do Conselho for também o executivo principal, é indispensável a existência de uma pessoa forte e independente no Conselho, reconhecidamente um membro sênior.

1.3 O Conselho deverá ser composto por membros não executivos de calibre e número suficiente, para que suas opiniões tenham peso significativo nas decisões do Conselho.

1.4 O Conselho deverá ter uma programação formal de assuntos reservados especificamente para sua decisão, para assegurar que a direção e controle da companhia estejam firmemente em suas mãos.

1.5 Deverá haver um procedimento de consenso para os conselheiros quando, no cumprimento de seus deveres, for necessário contratar assessoria profissional independente, paga pela companhia.

1.6 Todos os conselheiros deverão ter acesso ao aconselhamento do Secretário da companhia, responsável perante o Conselho pela garantia de que os procedimentos do mesmo sejam seguidos e que as regras e regulamentos aplicáveis sejam cumpridos. Qualquer questão relativa à exoneração do Secretário da companhia deverá ser um assunto para o Conselho como um todo.

2 Conselheiros Não Executivos

2.1 Os Conselheiros não executivos deverão exercer um julgamento independente em assuntos de estratégia, desempenho, recursos, incluindo nomeações-chave e padrões de conduta.

2.2 A maioria do Conselho deverá ser independente da diretoria e livre de qualquer negócio ou outro relacionamento que possa, materialmente, interferir no exercício de seu julgamento independente, desassociado de seus honorários ou participação acionária. Seus honorários devem refletir o tempo que eles dedicam à companhia.

2.3 Conselheiros não executivos deverão ser eleitos por mandatos determinados e a sua reeleição não deverá ser automática.

2.4 Conselheiros não executivos deverão ser escolhidos através de um processo formal. Tanto este processo quanto sua eleição deverão ser assunto para o Conselho como um todo.

3 Conselheiros que exercem cargos de diretoria

3.1 Os contratos de serviço dos conselheiros executivos não deverão ultrapassar três anos sem a aprovação dos acionistas.

3.2 A remuneração total dos diretores, bem como do Presidente do Conselho e do conselheiro mais bem relacionados ao desempenho e às bases sobre as quais o desempenho é avaliado deverá ser explicada.

3.3 O pagamento dos conselheiros que sejam executivos da companhia deverá ser sujeito às recomendações de um comitê de remuneração composto em sua totalidade, ou em grande parte, por conselheiros não executivos.

4 Relatórios e Controles

4.1 É dever do Conselho apresentar uma avaliação equilibrada e compreensível da situação da companhia.

4.2 O Conselho deverá assegurar que se mantenha uma relação objetiva e profissional com os auditores.

4.3 O Conselho deverá implantar um comitê de auditoria, formado por pelo menos três conselheiros não executivos, com parâmetros escritos claramente sobre sua autoridade e responsabilidades.

4.4 Os conselheiros deverão explicar sua responsabilidade na preparação do texto que acompanha os relatórios dos auditores.

4.5 Os conselheiros deverão reportar sobre a eficácia do sistema interno de controle da companhia.

4.6 Os conselheiros deverão reportar que o negócio está operando normalmente, com premissas ou qualificações, se necessário.

* **Refere-se à parte do Relatório.** Tradução realizada pelo IBGC, disponível em: <http://www.ibgc.org.br>.

Anexo 4.2 – Princípios de Governança da OCDE (1999)*

I. Os direitos dos acionistas

A estrutura da governança corporativa deve proteger os direitos dos acionistas.

A. Os direitos básicos dos acionistas compreendem o direito de:

1) garantir métodos seguros de registro da participação acionária;

2) alienar ou transferir ações;

3) obter informações relevantes sobre a empresa oportuna e regularmente;

4) participar e votar em assembleias gerais ordinárias;

5) eleger conselheiros; e

6) participar dos lucros da empresa.

B. Os acionistas têm o direito de participar das decisões, bem como ser suficientemente informados sobre aquelas relativas a mudanças corporativas fundamentais, tais como:

1) alterações no regimento interno, contrato social ou em documentos similares que regem a empresa;

2) autorização para novas emissões de ações; e

3) transações especiais que resultem na venda da empresa.

C. Os acionistas devem ter a oportunidade de participar efetivamente e votar nas assembleias gerais ordinárias, bem como ser informados sobre regulamentos, inclusive procedimentos de votação, que controlam as assembleias gerais de acionistas:

1. Os acionistas devem receber informações suficientes e oportunas sobre a data, o local e a agenda das assembleias gerais ordinárias, bem como informações completas e oportunas sobre as questões a serem decididas durante a reunião.

2. Os acionistas deverão ter oportunidade de fazer perguntas ao conselho e incluir itens na pauta das assembleias gerais, observando certos limites.

3. Os acionistas poderão votar pessoalmente ou por procuração, e todos os votos terão o mesmo valor, quer sejam depositados pessoalmente, quer por procuração.

D. Estruturas de capital e medidas que permitem a alguns acionistas obter um nível de controle desproporcional à sua participação no capital da empresa devem ser divulgadas.

E. Deve-se permitir que os mercados acionários funcionem de maneira eficiente e transparente.

1. Devem ser claramente expressos e divulgados normas e procedimentos que regem a aquisição de controle acionário nos mercados de capitais, bem como transações especiais, tais como fusões e vendas de partes substanciais de ativos corporativos, para que os investidores conheçam seus direitos e recursos. Os valores das transações devem ser transparentes e estas deverão ocorrer sob condições justas, de modo a defender os direitos de todos os acionistas, de acordo com as respectivas categorias.

2. Dispositivos contra incorporações hostis (takeovers) não deverão ser utilizados para isentar a diretoria executiva de sua responsabilidade de prestação de contas.

F. Os acionistas, inclusive investidores institucionais, devem levar em conta os custos e benefícios de exercer seus direitos de voto.

II. O tratamento equânime dos acionistas

A estrutura de governança corporativa deve assegurar tratamento equânime a todos os acionistas, inclusive os minoritários e os estrangeiros. Todos os acionistas deverão ter a oportunidade de obter efetiva reparação por violação de seus direitos.

A. Todos os acionistas da mesma categoria devem receber tratamento igual.

1. Dentro de uma mesma categoria, todos os acionistas devem ter os mesmos direitos de voto. Todos os investidores devem ter a possibilidade de obter informações sobre os direitos de voto relativos a todas as categorias de ações antes de comprá-las. Quaisquer mudanças nos direitos de voto devem ser sujeitas à votação dos acionistas.

2. Os votos devem ser depositados pelos depositários ou procuradores da maneira combinada com o proprietário beneficiário das ações.

3. Os processos e procedimentos para assembleias gerais de acionistas devem permitir tratamento igual de todos os acionistas. Os procedimentos da empresa não devem tornar a votação indevidamente difícil ou onerosa.

B. *Práticas baseadas em informações privilegiadas e negociações abusivas em nome próprio deverão ser proibidas.*

C. *Conselheiros e a diretoria executiva devem ser obrigados a divulgar quaisquer fatos relevantes de transações ou assuntos que digam respeito à empresa.*

III. O papel das partes interessadas (stakeholders) na governança corporativa

A estrutura da governança corporativa deve reconhecer os direitos das partes interessadas (stakeholders), conforme previsto em lei, e incentivar a cooperação ativa entre empresas e partes interessadas (stakeholders) na criação de riquezas, empregos e na sustentação de empresas economicamente sólidas.

A. *A estrutura da governança corporativa deve assegurar o respeito aos direitos das partes interessadas (stakeholders) garantidos por lei.*

B. *Quando os direitos das partes interessadas (stakeholders) são protegidos por lei, elas devem ter a oportunidade de obter reparação efetiva pela violação de seus direitos.*

C. *A estrutura da governança corporativa deverá permitir mecanismos de melhoria do desempenho para a participação de partes interessadas (stakeholders).*

D. *As partes interessadas (stakeholders) que participam do processo de governança corporativa devem ter acesso a informações pertinentes.*

IV. Divulgação e transparência

A estrutura da governança corporativa deverá assegurar a divulgação oportuna e precisa de todos os fatos relevantes referentes à empresa, inclusive situação financeira, desempenho, participação acionária e governança da empresa.

A. *A divulgação deve incluir, sem estar limitada a, fatos relevantes a respeito das seguintes questões:*

1. *Os resultados financeiros e operacionais da empresa.*
2. *Objetivos da empresa.*
3. *Principais participações acionárias e direitos de voto.*
4. *Conselheiros e principais executivos e sua remuneração.*
5. *Fatores de risco previsíveis e relevantes.*

6. Fatos relevantes a respeito de funcionários e outras partes interessadas (stakeholders).

7. Estruturas e políticas de governança corporativa.

B. As informações devem ser preparadas, auditadas e divulgadas segundo os mais altos critérios contábeis, divulgação financeira e não financeira e auditoria.

C. Deverá ser realizada uma auditoria anual por um auditor independente, a fim de proporcionar uma garantia externa e objetiva sobre a maneira pela qual os demonstrativos financeiros foram preparados e apresentados.

D. Os canais para a disseminação das informações devem permitir aos usuários acesso justo, oportuno e de custo aceitável às informações relevantes.

V. As responsabilidades do conselho

A. Os conselheiros deverão atuar baseados em informações completas, bem fundamentadas, e de boa-fé, agir com critério, tomando as devidas precauções, e no melhor interesse da empresa e dos acionistas.

B. O conselho deve tratar todos os acionistas com justiça, ainda que suas decisões possam afetar de maneira diferente os diversos grupos acionários.

C. O conselho deve garantir o cumprimento da legislação pertinente e levar em conta os interesses dos acionistas.

D. O conselho deve preencher certas funções principais, a saber:

1. Rever e orientar a estratégia corporativa, os grandes planos de ação, a política sobre riscos, orçamentos anuais e planos de negócios; estabelecer objetivos de desempenho, fiscalizar a operação e o desempenho da empresa; e supervisionar grandes dispêndios de capital, aquisições e alienações.

2. Selecionar, remunerar, fiscalizar e, quando necessário, substituir os executivos principais e supervisionar planos sucessórios.

3. Rever a remuneração dos executivos principais e dos conselheiros e assegurar um processo de indicação formal e transparente de seus conselheiros.

4. Fiscalizar e administrar conflitos potenciais de interesse da diretoria, dos conselheiros e dos acionistas, inclusive a utilização inade-

quada dos ativos da empresa e abusos nas transações entre partes relacionadas.

5. Garantir a integridade dos sistemas contábil e financeiro da empresa, inclusive a auditoria independente, e a existência de sistemas adequados de controle, principalmente sistemas para fiscalizar risco, controle financeiro e cumprimento da lei.

6. Fiscalizar a eficácia das práticas de governança sob a qual opera e fazer alterações sempre que necessárias.

7. Supervisionar o processo de divulgação e comunicações.

E. O conselho deverá ser capaz de pronunciar-se objetivamente sobre assuntos corporativos, de forma independente, particularmente da diretoria.

1. Os conselhos devem considerar a nomeação de um número suficiente de conselheiros não executivos, capazes de se pronunciar independentemente em tarefas em que haja um conflito de interesses em potencial. Exemplos de tais responsabilidades primordiais são os demonstrativos financeiros, a indicação e a remuneração de conselheiros e dos diretores executivos.

2. Os conselheiros devem dedicar tempo suficiente às suas responsabilidades.

F. Para desempenhar suas responsabilidades, os conselheiros devem ter acesso a informações precisas, relevantes e oportunas.

* **Refere-se à parte do Relatório.** Tradução realizada pelo IBGC, disponível em: <http://www.ibgc.org.br>.

Anexo 4.3 – Código das Melhores Práticas – IBGC*

3 GESTÃO

3.1 Atribuições
O diretor-presidente é responsável pela gestão da organização e coordenação da Diretoria. Ele atua como elo entre a Diretoria e o Conselho de Administração. É o responsável ainda pela execução das diretrizes fixadas pelo Conselho de Administração e deve prestar contas a este órgão. Seu dever de lealdade é para com a organização. Cada um dos diretores é pessoalmente responsável por suas atribuições na gestão. Deve prestar contas ao diretor-presidente e, sempre que solicitado, ao Conselho de Administração, aos sócios e demais envolvidos, com a anuência do diretor-presidente. O diretor-presidente, em conjunto com os outros diretores e demais áreas da companhia, é responsável pela elaboração e implementação de todos os processos operacionais e financeiros, após aprovação do Conselho de Administração. O conceito de segregação de funções deve permear todos os processos.

3.2 Indicação dos diretores
Cabe ao diretor-presidente a indicação dos diretores e a proposição de suas respectivas remunerações para aprovação do Conselho de Administração.

3.3 Relacionamento com as partes interessadas (stakeholders)
Partes interessadas são indivíduos ou entidades que assumem algum tipo de risco, direto ou indireto, relacionado à atividade da organização. São elas, além dos sócios, os empregados, clientes, fornecedores, credores, governo, comunidades do entorno das unidades operacionais, entre outras. O diretor-presidente e os demais diretores devem garantir um relacionamento transparente e de longo prazo com as partes interessadas e definir a estratégia de comunicação com esses públicos.

3.4 Transparência (disclosure)
O diretor-presidente deve garantir que sejam prestadas aos stakeholders as informações de seu interesse, além das que são obrigatórias por lei ou regulamento, tão logo estejam disponíveis. Ele deve assegurar que essa comunicação seja feita com clareza e prevalecendo a substância sobre a forma. A Diretoria deve buscar uma linguagem acessível ao pú-

blico-alvo em questão. As informações devem ser equilibradas e de qualidade. A comunicação deve abordar tanto os aspectos positivos quanto os negativos, de modo a oferecer aos interessados uma correta compreensão da organização. Toda informação que possa influenciar decisões de investimento deve ser divulgada imediata e simultaneamente a todos os interessados. Internet e outras tecnologias devem ser exploradas para buscar a rapidez e a ampla difusão de tais informações.

* *Refere-se à parte do Relatório. Disponível em: <http://www.ibgc.org.br>.*

Anexo 4.4 – Cartilha da CVM (2002)*

II. ESTRUTURA E RESPONSABILIDADE DO CONSELHO DE ADMINISTRAÇÃO

Função, Composição e Mandato do Conselho de Administração

II.1 O conselho de administração deve atuar de forma a proteger o patrimônio da companhia, perseguir a consecução de seu objeto social e orientar a diretoria a fim de maximizar o retorno do investimento, agregando valor ao empreendimento. O conselho de administração deve ter de cinco a nove membros tecnicamente qualificados, com pelo menos dois membros com experiência em finanças e responsabilidade de acompanhar mais detalhadamente as práticas contábeis adotadas. O conselho deve ter o maior número possível de membros independentes da administração da companhia. Para companhias com controle compartilhado, pode se justificar um número superior a nove membros. O mandato de todos os conselheiros deve ser unificado, com prazo de gestão de um ano, permitida a reeleição. A recomendação sobre o número de membros leva em conta que o conselho de administração deve ser grande o suficiente para assegurar ampla representatividade, e não tão grande que prejudique a eficiência. Mandatos unificados facilitam a representação de acionistas minoritários no conselho.

Funcionamento e Comitês do Conselho de Administração

II.2 O conselho deve adotar um regimento com procedimentos sobre suas atribuições e periodicidade mínima das reuniões, além de dispor sobre comitês especializados para analisar certas questões em profundidade, notadamente relacionamento com o auditor e operações entre partes relacionadas. O conselho de administração deve fazer anualmente uma avaliação formal do desempenho do executivo principal. Os conselheiros devem receber os materiais para suas reuniões com antecedência compatível com o grau de complexidade da matéria. O regimento do conselho também deve incluir disposições sobre método de convocação de reuniões, direitos e deveres dos conselheiros, relacionamento com a diretoria e procedimentos para solicitação de informações por conselheiros. O conselho deve ser autorizado a solicitar a contratação de especialistas externos para auxílio em decisões, quando considerar necessário. O estatuto deve autorizar qualquer membro do conselho a convocar reuniões em caso de necessidade, quando o conselheiro que é encarregado não o faz.

Os comitês especializados devem ser compostos por alguns membros do conselho de administração para estudar seus assuntos e preparar propostas, as quais deverão ser submetidas à deliberação do conselho de administração.

Participação de Preferencialistas no Conselho de Administração

II.3 A companhia deve permitir imediatamente que os acionistas detentores de ações preferenciais elejam um membro do conselho de administração, por indicação e escolha próprias. Embora até 2006 a Lei de S.A. estabeleça que os acionistas preferencialistas podem escolher um membro do conselho de administração a partir de lista tríplice elaborada pelo controlador, entende-se que tal tutela não se justifica, à luz das melhores práticas de governança corporativa, e, por isto, a companhia deve incluir em seu estatuto regra que assegure desde já aos acionistas titulares de ações preferenciais que não integrem o grupo de controle o direito de indicar e eleger livremente um membro e seu suplente para o conselho de administração.

Presidente do Conselho de Administração e Presidente da Diretoria

II.4 Os cargos de presidente do conselho de administração e presidente da diretoria (executivo principal) devem ser exercidos por pessoas diferentes. O conselho de administração fiscaliza a gestão dos diretores. Por conseguinte, para evitar conflitos de interesses, o presidente do conselho de administração não deve ser também presidente da diretoria ou seu executivo principal.

* Refere-se à parte do Relatório.

Problemas:

1) Para que servem os códigos de governança?
2) De modo geral, existem poucas semelhanças entre os códigos de governança?
3) Podemos considerar que, na prática, o Relatório *Cadbury*, influenciou apenas a gestão das empresas no Reino Unido?
4) Qual foi o primeiro código de governança publicado por uma organização multilateral?
5) No Brasil, quais são, atualmente, os dois principais códigos de governança corporativa?
6) Em relação à obrigatoriedade, existe alguma diferença entre as leis e os códigos de governança? Explique.

5

Mecanismos de Governança

Os **mecanismos de governança corporativa** são os sistemas de monitoramento e incentivos delineados para a redução dos custos de agência e para evitar fraudes na gestão das organizações. Conforme dito anteriormente, vários mecanismos de governança fazem-se necessários para proteção dos direitos dos *stakeholders* e para redução dos conflitos de interesses. Ou seja, podemos considerar cada mecanismo de governança, não como substituto, mas como completar do outro.

As pesquisas sobre governança cada vez mais se concentram em examinar a relação entre esses mecanismos e a *performance* da empresas. Normalmente, os pesquisadores partem da intuição de que, tudo o mais constante, empresas com melhores dispositivos de governança terão melhor desempenho.[1]

No Capítulo 3, foi visto que a estrutura de governança abrange tanto o ambiente interno, quanto o ambiente externo da empresa. Nesse sentido, muitos utilizam como uma forma mais simplificada as expressões *governança interna* e *governança externa*.

Da mesma forma, os mecanismos de governança também podem ser classificados em internos ou externos à empresa.

---

[1] Larrate (2011).

A **Figura 5.**1 apresenta os principais mecanismos de governança que serão analisados neste capítulo.

MECANISMOS INTERNOS	MECANISMOS EXTERNOS
Incentivos gerenciais	Regulação
Conselho de administração	Mercado de capitais
Conselho fiscal	Mercado de trabalho
Disposições contratuais e estatutárias	Mercado de produtos
Estrutura de propriedade	Auditoria externa
Estrutura de capital	Fontes privadas de controle externo

Fonte: Adaptada de Gillan (2006).

Figura 5.1   *Mecanismos de governança corporativa.*

1   Governança interna

1.1   *Incentivos gerenciais*

As políticas de incentivos gerenciais são utilizadas como importante mecanismo de governança corporativa. Em todo mundo, a partir da década de 1980, cresceu de forma vertiginosa o número daqueles que defendem a utilização de remuneração variável para os gestores (especialmente as opções de ações).

Existe o entendimento de que as políticas de remuneração, escolhidas pelas empresas, podem desempenhar um papel importante no alinhamento dos interesses dos proprietários e dos gestores, uma vez que o pagamento de remuneração variável torna os gestores mais sensíveis às perdas nos lucros e no valor dos acionistas.

Ademais, além dos incentivos monetários explícitos, podem existir outros implícitos, como a ameaça de demissão que tende a incentivar o gestor a preocupar-se com seu desempenho e que, em consequência, pode levar a um maior comprometimento e dedicação com a empresa. A **Figura 5.2** apresenta boas práticas de governança, relacionadas aos conselhos de administração das empresas brasileiras, sugeridas na última edição do Código do IBGC.

> ❖ A remuneração dos gestores deve estar vinculada a resultados, com metas de curto e de longo prazos relacionadas de forma clara e objetiva.
> ❖ Recomendável a divulgação da remuneração dos gestores de forma individual.
> ❖ Descrição de todos os benefícios oferecidos.
> ❖ Devem ser informados os indicadores de desempenho usados no programa de remuneração variável.
> ❖ Deve ser informada a composição percentual da remuneração total (remuneração fixa, variável e benefícios).

Fonte: IBGC (2009).

Figura 5.2 *Boas práticas relacionadas à remuneração dos gestores.*

1.1.1 *Evidências empíricas*

A influência que os incentivos exercem sobre o comportamento dos indivíduos tem sido ressaltada positivamente, há tempos, em vários trabalhos acadêmicos, como, por exemplo, Lazear e Rosen (1981), Jensen e Murphy (1988), Baker et al. (1988) e Gibbons (1998). Ademais, vários trabalhos empíricos têm mostrado a existência de uma forte correlação positiva entre a remuneração dos gestores e o desempenho da empresa. A Parte II deste livro apresenta com mais detalhes a teoria a respeito da política de remuneração e de incentivos dos gestores e os trabalhos empíricos relacionados ao tema.

1.2 Conselho de administração

Os conselhos de administração das empresas são considerados mecanismos de governança corporativa uma vez que seus membros são eleitos pelos acionistas e recebem poderes para que possam agir em nome desses. Dessa forma, e conforme descrito no Código de Boas Práticas do IBGC, o papel do conselho de administração é de ser o elo entre a propriedade e a gestão da empresa, supervisionando a relação entre os gestores e as demais partes interessadas.

O conselho de administração é, em princípio, responsável pelo monitoramento da gestão, além do aconselhamento e fiscalização dos gestores. Ademais, ao conselho de administração cabe definir a remuneração dos gestores e aprovar decisões importantes e estratégicas para a empresa.

As boas práticas de governança corporativa sugerem que é fundamental que os conselheiros sejam independentes, ou seja, sem vínculos ou quaisquer interesses em relação à empresa. A **Figura 5.3** apresenta boas práticas de governança, relacionadas aos conselhos de administração das empresas brasileiras, sugeridas na última edição do Código do IBGC.

> - ❖ Prazo do mandato: máximo de 2 anos (sem reeleição automática).²
> - ❖ Separação entre os cargos de presidente do conselho e CEO.
> - ❖ Evitar a existência de conselheiro suplente.
> - ❖ Tamanho ideal do conselho: entre cinco e onze membros.³
> - ❖ Recomendável que existam apenas conselheiros externos e independentes.
> - ❖ Evitar remuneração de curto prazo para os conselheiros, preferindo os incentivos de longo prazo.
> - ❖ Evitar o pagamento de participação nos lucros para os conselheiros.

Fonte: IBGC (2009).

Figura 5.3 *Boas práticas relacionadas aos conselhos de administração.*

1.2.1 Evidências empíricas

Silveira (2005) analisou uma amostra composta por todas as companhias abertas não financeiras negociadas na Bovespa, durante os anos de 1998 e 2000. Seus resultados mostram que a separação dos cargos de diretor executivo e presidente do conselho de administração possui uma correlação positiva com o valor da empresa. A pesquisa mostrou ainda que conselhos com quatro a oito membros alcançaram, na média, melhor desempenho. Por fim, a variável independência do conselho não apresentou resultados significativos em relação ao valor e ao desempenho da empresa.

---

[2] A Lei nº 6.404/76 estabelece que o prazo de gestão não deva ser superior a três anos, permitida a reeleição.

[3] A Lei nº 6.404/76 estabelece que o conselho de administração deva ser composto por, no mínimo, três membros, eleitos pela assembleia geral e por ela destituíveis a qualquer tempo.

1.3 Conselho fiscal

O conselho fiscal da empresa é também considerado um mecanismo de governança, uma vez que a ele cabe fiscalizar os atos dos gestores e verificar o cumprimento dos seus deveres legais e estatutários; além disso, os conselhos fiscais examinam e opinam sobre o conteúdo das demonstrações financeiras; denunciam erros, fraudes ou crimes que descobrirem, além de sugerirem providências úteis à companhia.[4]

A Lei das S.A. determina que o conselho fiscal seja eleito pelos acionistas e composto de no mínimo, três e, no máximo, cinco membros. Enquanto isso, o Código Civil[5] brasileiro enumera os deveres do conselho fiscal, sem prejuízo de outra atribuições determinadas em lei ou no contrato social:

a) *examinar, pelo menos trimestralmente, os livros e papéis da sociedade e o estado da caixa e da carteira, devendo os administradores ou liquidantes prestar-lhes as informações solicitadas;*

b) *lavrar no livro de atas e pareceres do conselho fiscal o resultado dos exames referidos na letra a;*

c) *exarar no mesmo livro e apresentar à assembleia anual dos sócios parecer sobre os negócios e as operações sociais do exercício em que servirem, tomando por base o balanço patrimonial e o de resultado econômico;*

d) *denunciar os erros, fraudes ou crimes que descobrirem, sugerindo providências úteis à sociedade;*

e) *convocar a assembleia dos sócios se a diretoria retardar por mais de trinta dias a sua convocação anual, ou sempre que ocorram motivos graves e urgentes;*

f) *praticar, durante o período da liquidação da sociedade, os atos a que se refere este artigo, tendo em vista as disposições especiais reguladoras da liquidação.*

---

[4] IBGC (2009)
[5] Lei nº 10.406/2002, art. 1.069.

O conselho fiscal deve, ainda, acompanhar o trabalho dos auditores internos e, também, externos, de forma a garantir o monitoramento independente em todas as atividades da empresa.

❖ Os sócios controladores devem abrir mão da prerrogativa de eleger a maioria dos membros do Conselho Fiscal, permitindo que a maioria seja composta por membros eleitos pelos sócios não controladores.

❖ O Conselho Fiscal é instrumento de fiscalização independente e não deve estar subordinado ao Conselho de Administração.

❖ Não deve haver remuneração variável para o Conselho Fiscal.

❖ Devem ser informados os indicadores de desempenho usados no programa de remuneração variável.

❖ Deve ser informada a composição percentual da remuneração total (remuneração fixa, variável e benefícios).

Fonte: IBGC (2009).

Figura 5.4 *Boas práticas relacionadas ao conselho fiscal.*

1.4 *Disposições contratuais e estatutárias*

As normas estabelecidas internamente pela empresa em contratos ou no seu próprio estatuto podem atuar como um mecanismo disciplinador da conduta dos gestores, receosos de perder o emprego. Além disso, alguns dispositivos contratuais ou estatutários servem como barreiras à aquisição hostil da companhia, atuando como mecanismos defensivos, conhecidos como "medidas *antitakeover*", que, por exemplo, permitem às empresas emitirem ações adicionais a todos os acionistas, que não sejam *blockholders*[6] hostis, procurando o

---

[6] São conhecidos como *"blockholders"* os proprietários de um grande percentual de ações de uma firma. Normalmente, os *"blockholders"* são investidores institucionais.

controle da companhia, depois que um limite predeterminado de propriedade for atingido.[7]

1.4.1 *Medidas* antitakeover

Medidas contrárias à aquisição hostil de uma empresa normalmente não precisam de aprovação dos acionistas, e são aprovadas pelos conselhos de administração.[8] Um exemplo de medida *antitakeover* é o **golden parachute**, ou *"paraquedas dourado"*, uma cláusula que permite aos gestores o recebimento de determinada quantia em dinheiro ou fluxos de caixa por um período, nos casos de perda do emprego em virtude de tomada de controle acionário. Outro exemplo são as "pílulas de veneno", ou **poison pills**, que buscam tornar difícil e cara a tomada de controle, protegendo os direitos dos acionistas minoritários.

---

[7] Silveira (2010, p. 31) esclarece que "[...] a possibilidade de aquisição hostil depende essencialmente da existência de um mercado de capitais desenvolvido, da relativa pulverização das ações com direito a voto e da inexistência de mecanismos defensivos [...]. Em mercados com elevada concentração acionária nas mãos do grupo controlador, como é o caso do Brasil, esse mecanismo de governança não tem se mostrado relevante na prática".

[8] Damodaran (2004).

Aquisições de Empresas: um bom negócio?

Ao analisarmos as teorias relacionadas às políticas de investimentos corporativos, deparamos com aquela que pode ser considerada a maior decisão sobre investimentos que uma empresa pode tomar: a aquisição de outras empresas.

Nos Estados Unidos, são clássicos os casos de aquisição, ocorridos na década de 1990, da empresa NCR por parte da AT&T, e da McDonnell Douglas pela Boeing. Em ambos os casos, as ações das empresas-alvo foram adquiridas por valores cerca de 100% maiores do que o preço de mercado. A promessa era de que essas operações criariam um valor substancial para os acionistas de ambas as empresas. Se, no caso da Boeing, a operação foi de fato um investimento lucrativo, o mesmo não vale para a AT&T que teve de vender a NCR, cinco anos após a aquisição, por aproximadamente um terço do valor investido.

Recentemente, aqui no Brasil, a entrada da Telefônica no bloco controlador da Vivo ocorreu com um prêmio de controle – diferença entre o preço de aquisição e o preço de mercado das ações – em torno de 50%. No caso da aquisição da Usiminas pelo grupo Ternium, ocorrida no final de 2011, o prêmio de controle foi ainda maior (90%).

Por fim, no mês passado, o Prêmio Negócio do Ano iG/Insper 2012 – que premia as principais operações de fusão e aquisição realizadas no País no ano anterior – foi concedido ao BTG Pactual pela compra do banco Panamericano. A negociação ocorreu com um prêmio de controle de quase 15% sobre o fechamento da bolsa, mesmo depois da constatação de que fraudes no Panamericano causaram prejuízos de cerca de R$ 4 bilhões. Um dos diretores que participou da decisão de compra do banco justificou: "Enxergamos oportunidade onde só viam riscos."

O que leva as empresas a decidirem pagar pelas ações bem mais do que o mercado precifica? As aquisições devem, de fato, ser julgadas de forma diferente de outros investimentos?

Aswath Damodaran, em seu livro *Corporate Finance: theory and practice*, explica que um dos motivos para as aquisições é a existência da **sinergia** – valor adicional potencial de se combinar duas empresas – como a **redução dos custos fixos** (derivada das economias de escala), e um **maior poder de precificação** (resultante da concorrência reduzida e de uma participação maior de mercado). Hão que se considerar, ainda, os **benefícios tributários** que envolvem essas operações. Por exemplo, uma empresa lucrativa que adquire uma empresa deficitária pode usar as perdas operacionais dessa para reduzir seus encargos tributários.

Dessa forma, as aquisições e tomadas de controle acionário podem ser considerados um bom negócio sempre que ocorrer a sinergia, ou seja, quando o valor da empresa combinada tornar-se maior do que a soma dos valores das empresas envolvidas, operando separadamente: **V(AB) > V(A) + V(B)**.

Contudo, o que as evidências empíricas ao redor do mundo têm afirmado é que os grandes ganhadores, nas operações de aquisição, são os acionistas das empresas adquiridas, devido à valorização do preço das suas ações. Pelo lado das empresas compradoras, os efeitos no longo prazo, também, costumam ser favoráveis aos proprietários originais, pelas razões mencionadas anteriormente. Entretanto, apesar do grande número de empresas que aumentaram seu valor por meio de aquisições, estudos afirmam que muitas aquisições deixam de proporcionar suas promessas de sinergia e raramente geram valor para os acionistas das empresas compradoras – como no caso da AT&T.

Mas por que tantas aquisições e fusões fracassam e tornam-se um péssimo negócio?

Há várias razões. As mais comuns são atribuídas à ausência de um plano pós-aquisição e às disputas entre os principais executivos das empresas combinadas que, com a reorganização, ficam obrigados a dividir o poder. Damodaran, por sua vez, destaca que os prejuízos com as aquisições podem ocorrer, ainda, devido à chamada "maldição do vencedor", que se refere à probabilidade do vencedor, em um leilão, pagar em excesso, estimulado pelas várias empresas que também estão fazendo ofertas pela mesma empresa-alvo. Damodaran conclui que esse excesso poderá ser prejudicial quando estiver acima do valor já incorporado da sinergia.

Por tudo isso, muitos pesquisadores, ao depararem com a questão de se as aquisições de empresas são, de fato, um bom

> negócio, preferem ter **duas respostas**. Se a pergunta é feita em relação aos acionistas das empresas adquiridas, a resposta parece ser um sim incondicional. Entretanto, se a pergunta refere-se aos acionistas das empresas compradoras, a evidência é menos clara.
>
> Fonte: Larrate (2012, a).

1.5 Estrutura de propriedade

Conforme mencionado anteriormente, os conflitos de interesses em empresas com uma estrutura de propriedade mais concentrada são diferentes daqueles existentes nas empresas com estrutura de propriedade muito pulverizada. Nas primeiras, a presença de um forte acionista controlador normalmente traz um maior monitoramento sobre o comportamento do gestor, o que, em tese, serviria para reduzir os custos de agência provocados pela separação entre propriedade e gestão. Por outro lado, nesse tipo de empresa são mais comuns os conflitos entre o acionista controlador e os acionistas minoritários.

Nas empresas com estrutura de propriedade dispersa e que não possuam um acionista controlador, é frequentemente citada na literatura a possibilidade de excesso de poder nas mãos do gestor e de menor monitoramento da gestão, aumentando, dessa forma, os custos de agência característicos da separação entre propriedade e gestão.[9]

1.5.1 Evidências empíricas

Leal et al. (2007) analisaram a estrutura de controle e propriedade de 225 companhias brasileiras de capital aberto lis-

---

[9] Diversos trabalhos como, La Porta et al. (1999), Leal (2007) e Leal et al. (2007) argumentam que a estrutura de propriedade dispersa é pouco comum até mesmo em mercados desenvolvidos, ocorrendo basicamente em grandes companhias de países anglo-saxões.

tadas na Bovespa. Os resultados revelam um elevado grau de concentração de capital votante no ano de 1998. Mesmos nos casos em que não há um acionista controlador, o maior acionista detém uma participação significativa dos direitos sobre voto.

Silveira et al. (2007) não encontraram resultados estatisticamente significantes entre empresas com estrutura de propriedade mais concentrada e o seu valor de mercado, sendo a concentração da propriedade medida pela diferença entre o direito de voto e os direitos sobre o fluxo de caixa.

1.6 Estrutura de capital

A estrutura de capital de uma empresa mostra o nível de financiamento com capital próprio e com capital de terceiros de curto e de longo prazos, indicando de que maneira está composta a dívida da empresa. A estrutura de capital pode ser considerada um mecanismo de governança corporativa, uma vez que *"manter dívidas deixa os pés dos gestores na demissão, forçando-os a gerar caixa para honrar com as obrigações assumidas pela empresa"*.[10]

Tirole (2006) concorda que a dívida, muitas vezes, pode ser vista como um dispositivo disciplinador, mas esclarece que a influência exercida pela estrutura financeira da empresa irá variar conforme o país e o período analisado.[11]

Para Silveira (2010, p.12), o endividamento pode exercer um efeito motivacional relevante, já que *"o aumento do risco de falência da organização (decorrente da maior alavancagem financeira) induziria os executivos a abandonarem políticas benéficas do ponto de vista pessoal, mas ineficientes e destruidoras de valor"*.

---

[10] Gillan (2006, p. 387).

[11] Assaf Neto (2005) explica que no ambiente econômico brasileiro, caracterizado por elevados *spreads* bancários, a escolha da composição do passivo (estrutura de capital) influencia significativamente a gestão da firma.

1.6.1 Evidências empíricas

Larrate et al. (2011) testaram os efeitos da estrutura de capital sobre o desempenho das empresas brasileiras de capital aberto registradas na CVM, durante os anos de 2006 a 2008. Os resultados apresentaram uma relação negativa entre um maior financiamento com recursos de terceiros e o desempenho da empresa. Esses resultados são divergentes com a maioria das pesquisas internacionais. Entretanto, podem ser justificados pelas maiores taxas de juros praticadas no Brasil.

2 Governança externa

Todas as empresas atuam sob restrições legais e estão sujeitas às forças do mercado e a outras fontes de supervisão. Independentemente da natureza motivacional, a influência e ação de agentes externos à empresa ajudam a reduzir a ineficiência da gestão e o possível mau comportamento do gestor e, por isso, passam a ser consideradas como mecanismos de governança externa.

2.1 Regulação

A importância da regulação para a longevidade da empresa foi bem destacada em Berk e DeMarzo (2009). Eles explicam que as regulamentações podem reduzir as informações assimétricas entre gestores e proprietários, reduzindo, dessa forma, o custo do capital total.

O universo regulatório, no qual a empresa está inserida, é muito amplo, variando conforme o país e o setor no qual atua. No caso das companhias brasileiras de capital aberto, com ações negociadas em bolsas estrangeiras, vários instrumentos de regulação passam a ser considerados:

1. Órgão Reguladores: SEC; CVM; Banco Central; Agências Reguladoras etc.
2. Códigos de Boas Práticas: OCDE; Banco Mundial; IBGC etc.
3. Legislação: SOX; Lei das S.A. etc.

Por exemplo, a regulação do mercado de capitais pela CVM, de forma a disseminar as boas práticas da governança, se dá principalmente através da edição de instrumentos normativos denominados Instruções. Dentre as mais importantes exigências, podemos destacar a obrigação da empresa de publicar fatos considerados relevantes (tais como aumento de capital, aumento de participação de acionistas controladores, eleição da diretoria, dentre outros); e a obrigação de eleição de um diretor de relações com os investidores.

2.1.1 A *Lei* Sarbanes-Oxley

A Lei *Sarbanes-Oxley*, conhecida também como SOX, foi publicada em 2002 como uma tentativa do governo norte-americano de aplicar vários dos princípios recomendados nos relatórios de *Cadbury* e da OCDE, após grandes escândalos corporativos que assombraram os Estados Unidos, como os ocorridos na *Enron Corporation* e na *WorldCom*.

Os dispositivos da SOX são bastante similares aos do Relatório *Cadbury*, entretanto destacam-se por possuírem força de lei. Esses dispositivos impuseram rigorosas exigências às empresas norte-americanas e, também, a qualquer companhia estrangeira que negocie no mercado de valores mobiliários dos Estados Unidos, mesmo que conflitem com a legislação do país de origem destas empresas.

A SOX é tida como a mais importante reforma legislativa no mercado de capitais desde a criação da SEC, em 1929, após a quebra da Bolsa de Nova York. Ao longo de seus 700 artigos, ela contém disposições rígidas sobre governança corporativa, notadamente sobre a conduta de administradores, auditores e advogados. Dentre suas exigências, destacam-se a obrigatoriedade dos comitês de auditoria e de remuneração serem formados por maioria de diretores independentes; a separação dos cargos de CEO e presidente do conselho; e a obrigação de rodízio dos auditores independentes.

2.1.2 A reforma da Lei das S.A. no Brasil

No Brasil, um ano antes da publicação da SOX, ocorreu a reforma da Lei das Sociedades Anônimas pela Lei nº 10.303/01, com o objetivo, entre outros, de promover uma melhor proteção dos direitos dos acionistas minoritários.[12] Convém ressaltar, mais uma vez, que, ao contrário dos códigos, as leis são impositivas e de natureza obrigatória.

Sobre a importância da reforma ocorrida no Brasil, parece não existirem dúvidas de que tentativas de proteção legal a acionistas e credores são sempre bem recebidas pelos investidores e tornam-se responsáveis pela amplitude e confiança nos mercados financeiros.[13]

2.1.3 Os níveis de governança da BM&FBOVESPA

No ano de 2001, foram inaugurados, no mercado de capitais do Brasil, os Níveis Diferenciados de Governança Corporativa (NDGC) da Bovespa, formados pelos seguintes segmentos:

- Novo Mercado.

---

[12] O **Anexo 5.1** deste capítulo apresenta as alterações trazidas pela Lei nº 10.303/01, no que se refere à estrutura e ao funcionamento dos conselhos de administração.

[13] La Porta et al. (1997).

- Nível 2 de Governança Corporativa.
- Nível 1 de Governança Corporativa.

De adesão voluntária, por parte das empresas, o que diferencia cada segmento é o nível de exigência de práticas de governança corporativa, que vai do Nível 1, caracterizado por um menor nível de exigência, até o Novo Mercado, com nível de exigência mais elevado. As empresas que optarem por não aderir aos NDGC farão parte do chamado Mercado Tradicional.

A adesão será firmada por meio de um contrato, no qual a empresa se compromete com a Bovespa a cumprir as regras estabelecidas para o nível de governança ao qual está aderindo. Isso permite aos investidores mais acesso às políticas de governança adotadas por cada empresa, melhorando também a imagem institucional.

- **1999** – publicação do Código das Melhores Práticas de GC do IBGC.
- **2001** – publicação da Lei 10.303, conhecida como Nova Lei das S.A.
- **2001** – lançamento de novos segmentos de mercado pela BOVESPA.
- **2002** – publicação da Cartilha da CVM.

Fonte: Autor.

Figura 5.5 *Marcos regulatórios no Brasil.*

2.1.4 *Evidências empíricas*

Dentro do cenário brasileiro, Tavares Filho (2006) encontrou um aumento no Retorno do Ativo, bem como no Valor de Mercado das firmas que aderiram aos níveis de governança da BOVESPA. Silveira (2005) investigou se as firmas adequadas às recomendações do IBGC e da CVM alcançaram maior valor de mercado e melhor desempenho, encontrando como resultado mais importante que as firmas que possuem pessoas distintas ocupando os cargos de diretor executivo e de presidente do conselho são mais valorizadas pelo mercado.

2.2 Mercado de capitais

Analistas de investimento, corretoras e agências de classificação de risco costumam fornecer ao mercado informações sobre a gestão e a governança corporativa das firmas. Esses agentes acompanham o dia a dia das empresas para recomendar ou desencorajar o investimento na companhia.

Tal monitoramento pode, também, ser considerado um mecanismo de governança corporativa, uma vez que ajuda a reduzir os custos de agência e deixam os gestores mais cautelosos.[14] Evidentemente, não se está falando aqui do monitoramento especulativo, realizado com foco apenas no curto prazo e com o simples objetivo de alterar o valor da ação.

2.2.1 Evidências empíricas

No que diz respeito ao acompanhamento de investidores institucionais, Hartzell e Starks (2003) sugerem que a propriedade institucional concentrada modera a remuneração dos gestores. Contudo, outros trabalhos têm argumentado que os investidores institucionais podem estar sujeitos a potenciais conflitos de interesse quando se trata de acompanhamento de gestão empresarial. Por exemplo, Woidtke (2002) mostra que algumas instituições financeiras que são capazes de monitorar estão sujeitas a conflitos de interesses com outros acionistas e, assim, seu papel de monitoramento torna-se potencialmente comprometido.

---

[14] Tirole (2006).

2.3 Mercado de trabalho

A ação do mercado de trabalho também é considerada como um mecanismo de governança, uma vez que as preocupações com a sua reputação e com uma possível demissão têm um efeito disciplinador sobre os gestores.[15] Gillan, também, esclarece que alguns gestores de ótima *performance* podem ser convidados para um cargo melhor, em uma empresa maior ou de melhor prestígio. Entretanto, um mau desempenho pode ser responsável não só pela perda do cargo, quanto pelas possíveis dificuldades em obter novas colocações no mercado de trabalho.

2.3.1 Evidências empíricas

Trabalhos empíricos, como Coughlan e Schmidt (1985), Murphy (1999) e Warner et al. (1988), mostram uma perspectiva ampla sobre a associação entre o desempenho da empresa e o mercado de trabalho para os CEOs. Esses estudos constataram que uma boa *performance* está positivamente associada com a remuneração do CEO, enquanto o mau desempenho aumenta a probabilidade de demissão.

2.4 Mercado de produtos

Vários acadêmicos concordam que a qualidade da gestão de uma empresa não é determinada apenas pela sua estrutura de governança corporativa, mas que depende, em certo grau, do ambiente competitivo no qual a empresa está inserida.

Tirole (2006) considera que a concorrência do produto no mercado melhora o desempenho da empresa, uma vez que essa não irá possuir a mesma posição confortável de uma empresa monopolista.

---

[15] Gillan (2006).

2.4.1 Evidências empíricas

Resultados quantitativos, encontrados em Tian e Twite (2010), mostram que a alta competitividade reduz os problemas de agência e pode afetar a eficácia dos demais mecanismos de governança, uma vez que parece haver um efeito de substituição entre governança e competitividade e, dessa forma, as empresas de setores mais competitivos necessitariam menos de mecanismos de governança, em relação às empresas não competitivas.

2.5 Auditoria externa

A auditoria externa é responsável por atestar que as demonstrações financeiras da empresa apresentam adequadamente sua posição patrimonial e financeira, e os resultados do período.

O IBGC (2009) recomenda que o relacionamento entre os auditores externos e a empresa deve ser pautado por profissionalismo e independência, devendo o auditor independente assegurar, anualmente, a sua independência em relação à companhia e aos seus diretores, por meio de manifestação por escrito ao Comitê de Auditoria ou, na sua ausência, ao Conselho de Administração.

> ❖ A auditoria externa deve reportar-se ao Comitê de Auditoria ou, na falta desse, ao Conselho de Administração.
> ❖ Recomenda-se que a eventual renovação com a empresa de auditoria, após prazo máximo de 5 (cinco) anos, seja submetida à aprovação da maioria dos sócios presentes em Assembleia Geral.
> ❖ Deve ser investigado se os auditores externos dependem financeiramente da empresa auditada.
> ❖ A independência é fundamental. Caso algum auditor externo seja recrutado para supervisão dos relatórios financeiros, tal fato deve ser informado ao Conselho de Administração.

Fonte: IBGC (2009).

Figura 5.6 *Boas práticas relacionadas à auditoria externa.*

2.6 Fontes privadas de controle externo

A gestão das empresas também é afetada pelo controle exercido por fontes de natureza privada. Gillan (2006) aponta como fontes privadas de controle externo os **meios de comunicação** e as **ações judiciais** contra a firma.

Analisando o papel da imprensa sobre as estruturas de governança, Zingales (2000) argumenta que a mídia influencia a opinião pública, cria padrões de comportamento, e, portanto, pode ser considerada como uma fonte de controle externo da gestão das empresas.

Ademais, muitos dos recentes escândalos corporativos vieram inicialmente a público por meio de denúncias oriundas da mídia. Os meios de comunicação pressionam os gestores a terem um comportamento ético aceitável e afetam, de maneira relevante, as políticas corporativas ao revelarem diversos problemas existentes nas empresas, ou ao tornarem os gestores objetos de atenção da sua parte.[16]

---

[16] Dyck e Zingales (2002).

3 A eficiência dos mecanismos de governança

Finalmente, após termos compreendido melhor as estratégias utilizadas pelos diversos mecanismos de governança, resta ainda pensar em como podemos avaliar os resultados alcançados pelos mecanismos de governança. Existe alguma forma de se mensurar a sua eficiência?

Macey (1998) buscou responder a essa pergunta, identificando **três dimensões** nas quais a governança corporativa pode ser avaliada:

- capacidade de restringir o poder dos gestores de obter benefícios privados;
- o acesso facilitado da empresa a financiamentos; e
- a facilidade com a qual os gestores ineficientes são substituídos.

Apesar da simplificação dessa fórmula, os resultados obtidos pela empresa em cada uma dessas três dimensões podem, de fato, ajudar aos acionistas avaliar o quão seguro estão os seus investimentos.

Ademais, conforme visto ao longo deste capítulo, as pesquisas empíricas também têm avaliado a eficiência das práticas de governança, buscando medir os seus efeitos. Conforme destaca Gillan (2006), cada vez mais, as pesquisas em governança têm se preocupado em mensurar o impacto dos mecanismos de governança sobre o desempenho da empresa. E, mesmo reconhecendo os problemas de endogeneidade que enfrentam essas pesquisas, Gillan considera que será a combinação de estudos empíricos com modelos teóricos tradicionais que guiará os próximos passos das pesquisas sobre governança.

Anexo 5.1 – O Conselho de Administração
Lei das Sociedades Anônimas, após a reforma trazida pela Lei nº 10.303, de 2001.

CAPÍTULO XII
Conselho de Administração e Diretoria
Administração da Companhia

Art. 138. A administração da companhia competirá, conforme dispuser o estatuto, ao conselho de administração e à diretoria, ou somente à diretoria.

§ 1º O conselho de administração é órgão de deliberação colegiada, sendo a representação da companhia privativa dos diretores.

§ 2º As companhias abertas e as de capital autorizado terão, obrigatoriamente, conselho de administração.

Art. 139. As atribuições e poderes conferidos por lei aos órgãos de administração não podem ser outorgados a outro órgão, criado por lei ou pelo estatuto.

SEÇÃO I
Conselho de Administração
Composição

Art. 140. O conselho de administração será composto por, no mínimo, 3 (três) membros, eleitos pela assembleia geral e por ela destituíveis a qualquer tempo, devendo o estatuto estabelecer:

I – o número de conselheiros, ou o máximo e mínimo permitidos, e o processo de escolha e substituição do presidente do conselho pela assembleia ou pelo próprio conselho; (Redação dada pela Lei nº 10.303, de 2001)

II – o modo de substituição dos conselheiros;

III – o prazo de gestão, que não poderá ser superior a 3 (três) anos, permitida a reeleição;

IV – as normas sobre convocação, instalação e funcionamento do conselho, que deliberará por maioria de votos, podendo o estatuto estabelecer quórum qualificado para certas deliberações, desde que especifique as matérias. (Redação dada pela Lei nº 10.303, de 2001)

Parágrafo único. O estatuto poderá prever a participação no conselho de representantes dos empregados, escolhidos pelo voto destes, em eleição direta, organizada pela empresa, em conjunto com as entidades sindicais que os representem. (Incluído pela Lei nº 10.303, de 2001)

Voto Múltiplo

Art. 141. Na eleição dos conselheiros, é facultado aos acionistas que representem, no mínimo, 0,1 (um décimo) do capital social com direito a voto, esteja ou não previsto no estatuto, requerer a adoção do processo de voto múltiplo, atribuindo-se a cada ação tantos votos quantos sejam os membros do conselho, e reconhecido ao acionista o direito de cumular os votos num só candidato ou distribuí-los entre vários.

§ 1º A faculdade prevista neste artigo deverá ser exercida pelos acionistas até 48 (quarenta e oito) horas antes da assembleia geral, cabendo à mesa que dirigir os trabalhos da assembleia informar previamente aos acionistas, à vista do "Livro de Presença", o número de votos necessários para a eleição de cada membro do conselho.

§ 2º Os cargos que, em virtude de empate, não forem preenchidos, serão objeto de nova votação, pelo mesmo processo, observado o disposto no § 1º, in fine.

§ 3º Sempre que a eleição tiver sido realizada por esse processo, a destituição de qualquer membro do conselho de administração pela assembleia geral importará destituição dos demais membros, procedendo-se a nova eleição; nos demais casos de vaga, não havendo suplente, a primeira assembleia geral procederá à nova eleição de todo o conselho.

§ 4º Terão direito de eleger e destituir um membro e seu suplente do conselho de administração, em votação em separado na assembleia geral, excluído o acionista controlador, a maioria dos titulares, respectivamente: (Redação dada pela Lei nº 10.303, de 2001)

I – de ações de emissão de companhia aberta com direito a voto, que representem, pelo menos, 15% (quinze por cento) do total das ações com direito a voto; e (Incluído pela Lei nº 10.303, de 2001)

II – de ações preferenciais sem direito a voto ou com voto restrito de emissão de companhia aberta, que representem, no mínimo, 10% (dez por cento) do capital social, que não houverem exercido o direito previsto no estatuto, em conformidade com o art. 18. (Incluído pela Lei nº 10.303, de 2001)

§ 5º Verificando-se que nem os titulares de ações com direito a voto e nem os titulares de ações preferenciais sem direito a voto ou com voto restrito perfizeram, respectivamente, o quórum exigido nos incisos I e II do § 4º, ser-lhes-á facultado agregar suas ações para elegerem em conjunto um membro e seu suplente para o conselho de administração, observando-se, nessa hipótese, o quórum exigido pelo inciso II do § 4º. (Incluído pela Lei nº 10.303, de 2001)

§ 6º Somente poderão exercer o direito previsto no § 4º os acionistas que comprovarem a titularidade ininterrupta da participação acionária ali exigida durante o período de 3 (três) meses, no mínimo, imediatamente anterior à realização da assembleia geral. (Incluído pela Lei nº 10.303, de 2001)

§ 7º Sempre que, cumulativamente, a eleição do conselho de administração se der pelo sistema do voto múltiplo e os titulares de ações ordinárias ou preferenciais exercerem a prerrogativa de eleger conselheiro, será assegurado a acionista ou grupo de acionistas vinculados por acordo de votos que detenham mais do que 50% (cinquenta por cento) das ações com direito de voto o direito de eleger conselheiros em número igual ao dos eleitos pelos demais acionistas, mais um, independentemente do número de conselheiros que, segundo o estatuto, componha o órgão. (Incluído pela Lei nº 10.303, de 2001)

§ 8º A companhia deverá manter registro com a identificação dos acionistas que exercerem a prerrogativa a que se refere o § 4º. (Incluído pela Lei nº 10.303, de 2001)

§ 9º (VETADO) (Incluído pela Lei nº 10.303, de 2001)

Competência

Art. 142. Compete ao conselho de administração:

I – fixar a orientação geral dos negócios da companhia;

II – eleger e destituir os diretores da companhia e fixar-lhes as atribuições, observado o que a respeito dispuser o estatuto;

III – fiscalizar a gestão dos diretores, examinar, a qualquer tempo, os livros e papéis da companhia, solicitar informações sobre contratos celebrados ou em via de celebração, e quaisquer outros atos;

IV – convocar a assembleia geral quando julgar conveniente, ou no caso do artigo 132;

V – manifestar-se sobre o relatório da administração e as contas da diretoria;

VI – manifestar-se previamente sobre atos ou contratos, quando o estatuto assim o exigir;

VII – deliberar, quando autorizado pelo estatuto, sobre a emissão de ações ou de bônus de subscrição;

VIII – autorizar, se o estatuto não dispuser em contrário, a alienação de bens do ativo não circulante, a constituição de ônus reais e a prestação de garantias a obrigações de terceiros; (Redação dada pela Lei nº 11.941, de 2009)

IX – escolher e destituir os auditores independentes, se houver.

§ 1º Serão arquivadas no registro do comércio e publicadas as atas das reuniões do conselho de administração que contiverem deliberação destinada a produzir efeitos perante terceiros. (Redação dada pela Lei nº 10.303, de 2001)

§ 2º A escolha e a destituição do auditor independente ficarão sujeitas a veto, devidamente fundamentado, dos conselheiros eleitos na forma do art. 141, § 4º, se houver. (Incluído pela Lei nº 10.303, de 2001)

Problemas:

1) Para que servem os *mecanismos de governança corporativa*? Como eles são classificados?

2) Cite duas boas práticas de governança, relacionadas aos conselhos de administração das empresas.

3) De que maneira instrumentos defensivos como as *medidas antitakeover* podem atuar como mecanismos de governança corporativa?

4) De que forma os investidores podem beneficiar-se da classificação das empresas nos Níveis Diferenciados de Governança Corporativa (NDGC) da Bovespa?

5) Explique por que parece haver um efeito de substituição entre governança e competitividade.

6) Cite uma boa prática de governança, relacionada ao conselho fiscal, e uma boa prática relacionada à auditoria externa.

7) Qual é a principal forma pela qual as pesquisas empíricas têm buscado avaliar a eficiência dos mecanismos de governança?

Parte II

Remuneração dos Gestores

6

As Políticas de Remuneração e Incentivos

Na Parte II do livro, passaremos a analisar a utilização dos incentivos aos gestores como mecanismo de governança corporativa. Há muito a dizer sobre as políticas de remuneração e incentivos das empresas, de forma geral. Por isso, optamos por destinar um maior espaço, no livro, para a discussão sobre um assunto, ainda, pouco explorado pela literatura nacional.

As políticas de remuneração e outros incentivos gerenciais são ferramentas utilizadas pelas empresas na busca de alinhamento dos seus interesses com os dos seus gestores. Para avaliar esse argumento, considere inicialmente que esse tipo de alinhamento pode advir de incentivos positivos ou negativos.

Os **incentivos positivos** são aqueles que trazem a satisfação das necessidades individuais. Por isso, são também conhecidos como **recompensas**. Os **incentivos negativos**, ao contrário, reduzem a satisfação dessas necessidades.[1] Explicando melhor, os incentivos negativos possuem efeitos de **punição** sobre o indivíduo.

Considere, por exemplo, o efeito disciplinador causado pela ameaça de demissão. Um fraco desempenho do gestor pode induzir o conselho a demiti-lo. Considerando, ainda,

---

[1] Anthony e Govindarajan (2008, p. 53).

que os gestores estão naturalmente preocupados com a manutenção de seu trabalho, de forma geral, empregos menos seguros tendem a exercer incentivo ao melhor desempenho do gestor.

Entretanto, o que as pesquisas empíricas têm apontado é que os indivíduos parecem ser mais motivados por recompensas do que pelo simples medo da punição. Considerando esse argumento e considerando, ainda, o grande destaque que os incentivos vinculados à remuneração vêm ganhando entre profissionais e pesquisadores, o nosso foco estará em estudar os incentivos positivos e, mais especificamente, a remuneração vinculada ao desempenho.

1 Componentes da remuneração total

A remuneração total dos gestores consiste, na maioria das vezes, em três componentes: salário, benefícios, e remuneração variável.[2]

(1) **salário** – remuneração mensal ou anual, estipulada de forma fixa;

(2) **benefícios** – compensações oferecidas pelas empresas aos seus funcionários na forma de seguro de vida; assistência médica; viagens; clubes de lazer; assessoria jurídica etc.

(3) **remuneração variável** – remuneração vinculada ao desempenho, normalmente, bônus em dinheiro; ações e opções.

Chiavenato (2008) explica que o salário e os benefícios são atrativos iniciais do cargo. Empresas que oferecem altos salários e uma grande variedade de benefícios são mais procuradas pelos trabalhadores. Entretanto, por serem fixos e

---

[2] Nesse sentido, ver Anthony e Govindarajan (2008) e Blocher et al. (2007).

permanentes, salários e benefícios, por si só, não motivam os indivíduos a um desempenho melhor.[3] Talvez por isso, salários e benefícios recebam menos atenção na literatura e não serão nosso foco.

Por outro lado, a remuneração variável, por depender dos resultados alcançados pela empresa, tem sido cada vez mais utilizada no alinhamento de interesses e para aumentar o desempenho. Anthony e Govindarajan (2008) esclarecem bem a diferença de objetivos entre as empresas que optam em privilegiar a remuneração fixa e as que preferem a remuneração variável. Enquanto as primeiras escolhem pagar bem e esperar um bom desempenho, aquelas que escolhem pagar por meio de incentivos esperam um bom desempenho para pagar bem apenas se o desempenho for bom de fato.

Segundo Chiavenato (2008, p. 326), a remuneração variável não pressiona o custo das empresas, já que é autofinanciada com o aumento da produtividade. Além disso, obriga o gestor a voltar-se para os resultados e tornar-se um empreendedor. Chiavenato vê como uma das grandes vantagens da remuneração variável a flexibilidade, e justifica: "*Se a empresa está no vermelho, pode mirar como alvo principal o lucro. Caso precise ganhar espaço da concorrência, elege a participação no mercado como sua principal meta.*"

2 Objetivos da remuneração

A remuneração dos gestores, de forma a proteger os interesses dos proprietários, deve ser aprovada pelo conselho de administração e, em algumas empresas, pelos próprios acionistas. Evidentemente, o plano de remuneração será aprovado com o foco nos objetivos que se deseja alcançar.

Por outro lado, conforme será visto adiante, a diferença de objetivos entre as empresas influenciará sempre o *mix* de

---

[3] Ver, também, Mill (1848).

salário fixo e remuneração variável, tendo em vista o nível de incentivo e risco desejado. Neste ponto, o leitor deve considerar que, independente das estratégias traçadas por cada empresa, ao se planejar a remuneração dos gestores, os seguintes objetivos devem ser sempre considerados:[4]

1. Motivar os gestores a se esforçarem ao máximo para atingir os melhores interesses dos proprietários.
2. Incentivar os gestores a tomarem decisões que sejam compatíveis com os objetivos estabelecidos pelo conselho de administração.
3. Determinar de forma justa o valor da remuneração dos gestores, compensando-os pelos seus esforços e habilidades, bem como pela eficácia de suas tomadas de decisão.

3 Aspectos a serem considerados

Pelo menos, quatro aspectos devem ser observados pelas empresas durante o planejamento de políticas de remuneração para seus gestores:

(1) imunidade a choques exógenos;

(2) aversão ao risco por parte do gestor;

(3) flexibilidade;

(4) questões éticas.

3.1 Imunidade a choques

Os planos de remuneração devem buscar imunidade a fatores exógenos que estejam fora do controle do gestor. Como explica Tirole (2006), a remuneração do gestor não deve ser

---

[4] Blocher et al. (2007).

baseada em fatores incontroláveis, tais como flutuações na taxa de câmbio, taxa de juros ou preço de matérias-primas. Os próprios preços das ações, utilizados para incentivar os gestores, estão sujeitos a fatores exógenos e incontroláveis, criando volatilidade. Tirole sugere que uma das formas de se evitar que a remuneração baseada no desempenho seja afetada por choques exógenos é tornar a remuneração do gestor vinculada ao desempenho relativo, comparando a *performance* da empresa com a de seus concorrentes.

Ademais, ao desenvolverem planos de remuneração para os diretores de unidades, as empresas devem buscar a imparcialidade. O que significa que o plano deve estar concentrado, apenas, nos aspectos controláveis e estritamente relacionados ao desempenho do gestor. Da mesma forma, a avaliação de desempenho do gestor deve corresponder aos resultados subordinados à sua unidade, excluindo-se aqueles relacionados à empresa como um todo (Blocher et al., 2007).

3.2 Aversão ao risco

A **aversão a riscos** é a tendência a preferir decisões com resultados previsíveis ao invés daquelas incertas. Dessa forma, o salário, por não estar vinculado ao desempenho, será a parte da remuneração total preferida pelos gestores avessos a riscos.[5]

Para Shleifer e Vishny (1997) o contrato de incentivo ótimo deve ser determinado, entre outras coisas, pela aversão ao risco do gestor. A aversão a riscos levará o gestor a preferir o salário fixo porque esse não está vinculado ao desempenho. Dessa forma, pode-se considerar que as empresas que utilizam planos de remuneração com predominância de remuneração fixa esperam tornar o gestor menos agressivo, expondo-os menos a riscos desnecessários. Por isso, Core e

---

[5] Blocher et al. (2007).

Guay (2010) argumentam, ainda, que a remuneração deve recompensar, além do esforço e da habilidade, o prêmio pelo risco suportado pelo gestor.

Blocher et al. (2007) afirmam que se pode gerenciar de forma eficaz a aversão a riscos quando se escolhe, cuidadosamente, o *mix* de salário e remuneração variável na remuneração total do gestor. Quanto maior a proporção de remuneração variável na remuneração total, maior será o incentivo para o gestor correr riscos.[6]

Apesar da combinação ótima de salário fixo e remuneração variável ainda ser incerta, Prendergast (2000) e Core e Guay (2010) concordam que, nas empresas com conselhos de administração e outros mecanismos de governança mais eficientes, fortes incentivos, baseados em remuneração variável, serão menos necessários.

3.3 *Flexibilidade*

Blocher et al. (2007) defendem que o plano de remuneração deve ser **flexível** para permanecer voltado para a estratégia da empresa, levando sempre em conta que como as condições estratégicas que a empresa enfrenta mudam ao longo do tempo, o plano de remuneração também deve mudar para adaptar-se a cada novo ciclo de vida da companhia.

3.4 *Questões éticas*

A remuneração variável incentiva o bom desempenho do gestor. Entretanto, por ser baseada em resultados contábeis, cria um ambiente favorável a práticas antiéticas e a manipulação dos resultados.

---

[6] Para uma discussão a respeito da importância da aversão a riscos para a remuneração dos gestores, ver Dittmann e Yu (2011).

Sem dúvida, as questões éticas ganharam espaço nas discussões a respeito da governança das empresas, sobretudo, após os escândalos corporativos ocorridos no início deste século.

Por isso, torna-se necessário que os conselhos de administração prevejam os efeitos das políticas de remuneração escolhidas por eles sobre a conduta dos gestores, principalmente ao estipularem o nível da remuneração e as medidas de desempenho, vinculadas à parcela variável da remuneração dos gestores.

Anexo 6.1
Código IBGC, 2009 – Remuneração dos Gestores

A remuneração total da Diretoria deve estar vinculada a resultados, com metas de curto e longo prazos relacionadas, de forma clara e objetiva, à geração de valor econômico para a organização. O objetivo é que a remuneração seja uma ferramenta efetiva de alinhamento dos interesses dos diretores com os da organização.

As organizações devem ter um procedimento formal e transparente de aprovação de suas políticas de remuneração e benefícios aos diretores, incluindo eventuais incentivos de longo prazo pagos em ações ou nelas referenciados. Devem ser levados em conta os custos e os riscos envolvidos nesses programas e eventual diluição de participação acionária dos sócios. Os valores e a política de remuneração dos executivos, propostos pelo conselho, devem ser encaminhados para aprovação pela assembleia.

A estrutura de incentivos deve incluir um sistema de freios e contrapesos que indique os limites de atuação dos envolvidos, evitando que uma mesma pessoa controle o processo decisório e a sua respectiva fiscalização. Ninguém deve estar envolvido em qualquer deliberação que inclua sua própria remuneração.

A remuneração dos diretores deve ser divulgada individualmente ou, ao menos, em bloco separado do montante relativo ao Conselho de Administração.

Caso não haja divulgação dos valores individuais pagos aos diretores, a organização deve justificar sua opção de maneira ampla, completa e transparente. Deve ainda destacar, pelo menos, a média dos valores pagos, além do menor e do maior valor com as respectivas justificativas para essa disparidade.

A divulgação deve incluir todo tipo de remuneração recebida pelos diretores, como, por exemplo: (a) salários; (b) bônus; (c) benefícios baseados em valores mobiliários, em especial os baseados em ações; (d) gratificações de incentivo; (e) pagamentos projetados em benefícios pós-emprego, em programas de aposentadoria e de afastamento; e (f) outros benefícios diretos e indiretos, de curto, médio e longo prazos.

Devem ser divulgados também valores relativos a eventuais contratos de consultoria entre a organização, sociedade controlada ou coligada, e a sociedade controlada por executivos.

As metas e as premissas de eventual remuneração variável devem ser mensuráveis, passíveis de serem auditadas e publicadas. As regras inerentes às políticas de remuneração e benefícios dos administradores, incluindo os eventuais incentivos de longo prazo pagos em ações ou nelas referenciados, devem ser divulgadas e explicadas. Dentre os itens que devem ser informados, caso haja remuneração variável, incluem-se:

- os mecanismos de remuneração variável (percentual dos lucros, bônus, ações, opções de ações etc.);
- os indicadores/métricas de desempenho usados no programa de remuneração variável;
- os níveis de premiação-alvo (pagos em caso de cumprimento de 100% das metas);
- as principais características do eventual plano de opções de ações (elegíveis, preço de exercício, prazo de carência e vigência das opções, critério para definição do número de opções, frequência de outorgas, diluição máxima, diluição anual etc.);
- descrição dos benefícios oferecidos;
- o *mix* (composição percentual), possível e efetivamente pago, da remuneração total, ou seja, quanto cada componente (fixo, variável, benefícios e planos de ações) representa do total.

Problemas:

1) Explique o que você entende por *incentivos positivos* e *incentivos negativos*. Conforme a literatura, qual desses tipos é o mais eficiente?
2) Quais são os três componentes que integram, de modo geral, a remuneração total de um gestor?
3) Cite, pelo menos, dois aspectos a serem considerados pelas empresas durante o planejamento das políticas de remuneração para seus gestores.
4) Comente a afirmação de que quanto maior a proporção de remuneração variável na remuneração total, maior será o incentivo para o gestor correr riscos.
5) Por que as questões éticas ganharam espaço nas discussões sobre a remuneração dos gestores?

7

A Remuneração Variável

Qual é a melhor estratégia a ser adotada pelas empresas em relação à remuneração dos seus funcionários: salários fixos ou remuneração variável?

Em 1848, enquanto a Revolução Industrial se expandia pelo mundo, o economista e filósofo inglês John Stuart Mill escreveu, em *Principles of Political Economy*, que a remuneração fixa, baseada apenas em salários, não é suficientemente capaz de incentivar os funcionários a um melhor desempenho, deixando a desejar, portanto, no aspecto motivacional.

Desde então, vários acadêmicos têm concordado com as ideias de Mill, ao considerarem que salários e benefícios (planos de saúde, auxílio-alimentação etc.) são atrativos iniciais do cargo, mas por serem fixos e permanentes, em pouco tempo, vão deixando, de fato, de motivar os indivíduos a atingirem o nível de esforço desejado pela empresa. Por outro lado, a remuneração variável (*pay for performance*), por depender de resultados, tem sido cada vez mais utilizada para incentivar o melhor desempenho dos funcionários e, consequentemente, a maximização do lucro.

Neste capítulo, ampliaremos nossa análise a respeito da remuneração variável dos gestores. As seções deste capítulo abordarão temas relacionados à estrutura de incentivos baseada no curto e no longo prazos; aos tipos de remuneração variável;

aos aspectos positivos e negativos de se pagar pelo desempenho; e à importância do equilíbrio entre os incentivos de curto e de longo prazo.

1 Estrutura de incentivos

A parcela da remuneração que está vinculada ao desempenho é conhecida como **remuneração variável, remuneração por incentivo**, ou **remuneração pelo desempenho** (*pay for performance*). Para formular e executar estratégias de governança bem-sucedidas, a remuneração variável do gestor deverá ser estabelecida com base no seu desempenho ou nas suas realizações em benefício da empresa.

Os planos de remuneração variável podem ser divididos em planos de curto e de longo prazos. Os **incentivos de curto prazo** são constituídos pelo pagamento de bônus, geralmente pagos em dinheiro e estipulados como um percentual fixo dos lucros da empresa. Enquanto isso, os **incentivos de longo prazo** são geralmente baseados no pagamento de ações da empresa ou de uma opção de compra de ações.[1]

Dessa forma, a remuneração variável dos gestores pode ser estruturada em um plano de incentivos, baseado em metas de curto e de longo prazos.

---

[1] Anthony e Govindarajan (2008).

```
                    ┌──────────────┐
                    │  Remuneração │
                    │  Variável dos│
                    │   Gestores   │
                    └──────┬───────┘
              ┌────────────┴────────────┐
      ┌───────┴───────┐         ┌───────┴───────┐
      │  Incentivos de│         │  Incentivos de│
      │   curto prazo │         │   longo prazo │
      └───────┬───────┘         └───────┬───────┘
              │                  ┌──────┴──────┐
          ┌───┴───┐          ┌───┴───┐    ┌────┴───┐
          │ Bônus │          │ Ações │    │ Opções │
          └───────┘          └───────┘    └────────┘
```

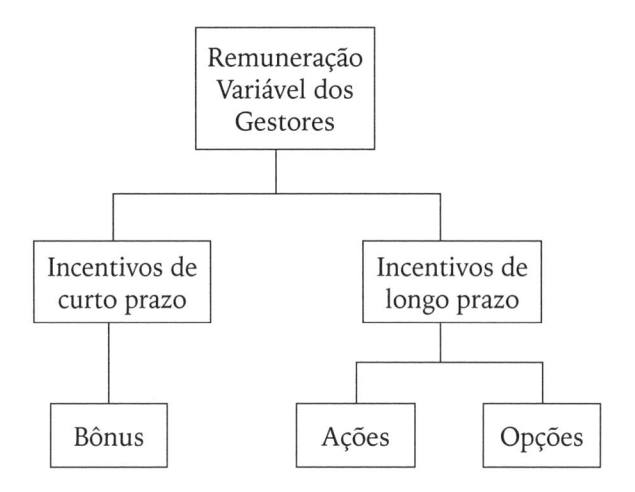

Figura 7.1 *A remuneração variável dos gestores.*

2 Incentivos de curto prazo

Os incentivos de curto prazo miram em metas de curto prazo da empresa. O principal tipo de incentivo de curto prazo é o pagamento de bônus aos gestores, calculados com base na lucratividade alcançada pela empresa no ano corrente.

Geralmente, o **bônus de curto prazo** é pago em dinheiro ou em ações da companhia. Anthony e Govindarajan (2008) esclarecem que existem várias maneiras de se calcular o valor dos bônus a ser pago aos gestores. A mais simples e, portanto, a mais comum é fazer o bônus igual a um percentual fixo dos lucros.[2]

A empresa pode, ainda, estruturar o pagamento do bônus de diversas formas. As duas mais comuns são: bônus corrente e bônus diferido.

---

[2] Para Anthony e Govindarajan (2008), muitas empresas não gostam de usar esse método para cálculo dos bônus, pois significa pagar um incentivo mesmo quando a lucratividade for baixa.

- **Bônus corrente**: baseado no desempenho atual e pago integralmente no final do período-base. É o sistema mais comum.
- **Bônus diferido**: baseado no desempenho atual e pago de forma fracionada.

Na remuneração de bônus diferido, uma parte do bônus pago em dinheiro é retida pela empresa, e seu pagamento é condicionado ao cumprimento de metas com prazos mais longos e à permanência do gestor na empresa. Dessa forma, ajuda a tirar do gestor o foco exclusivamente no curto prazo. Para Anthony e Govindarajan, o bônus diferido tem a vantagem de permitir aos gestores estimar a entrada de caixa para o ano que virá, além de suavizar os efeitos provocados pelas oscilações cíclicas nos lucros sobre o fluxo de caixa do gestor. Quando a remuneração diferida é atrelada à permanência do gestor, esse tipo de plano transforma-se em importante instrumento de retenção de talentos e gestores-chave.

3 Incentivos de longo prazo

Quando a estratégia da empresa depender de que as energias e o pensamento dos gestores estejam orientados para o desempenho no longo prazo, as empresas podem se utilizar de planos de incentivos que estejam relacionados à elevação do preço das suas ações em um determinado período.[3] Os incentivos de longo prazo mais comuns são os planos de remuneração baseados em **ações da empresa** e em **opções de compra**.

---

[3] Tirole (2006).

3.1 Remuneração baseada em ações

A remuneração baseada em ações consiste em remunerar o gestor com ações da companhia, de modo a torná-lo um acionista da empresa. Essa tem sido uma estratégia, adotada em vários países, de forma mais marcante a partir da década de 1980, com o objetivo de buscar o alinhamento dos interesses de gestores e dos acionistas.

Além disso, a utilização da remuneração atrelada ao valor das ações passou a ser vista, principalmente nos Estados Unidos, como uma maneira de incentivar os gestores e outros empregados a concentrarem-se no aumento do valor da empresa no longo prazo.

Outras formas, além da descrita acima, podem ser estruturadas pelas empresas nos planos de remuneração baseados em ações:

Ações-fantasmas (ou virtuais)

Um plano de ações-fantasmas permite ao gestor receber a remuneração equivalente a um número específico de ações, dentro de um período determinado. O valor é calculado com base no preço de mercado do papel na data de vencimento do benefício, sendo, entretanto, pago em dinheiro. É utilizado, também, nos casos em que a empresa não tem capital aberto, mas oferece, como incentivo, cotas do seu empreendimento para seus gestores e demais empregados.

Ações por Desempenho

Ocorre quando a empresa concede ações, para o gestor, após certas metas de desempenho de longo prazo serem alcançadas, independentemente da variação ocorrida nos preços das ações. Anthony e Govindarajan (2008) esclarecem que a vantagem desse plano é de que a premiação está atrelada ao desempenho que o gestor pode controlar, ficando imune a choques exógenos.

Entretanto, por ser um incentivo baseado em medidas contábeis, as ações por desempenho podem também sofrer com atitudes antiéticas, que tenham por objetivo a manipulação de resultados.

Direitos de Valorização das Ações

É o valor pago aos gestores com base no aumento ocorrido no preço das ações, em determinado período. Nesse tipo de plano o gestor não recebe o valor integral da ação, mas apenas a parte correspondente à valorização do período.

Compra de Ações

É a oportunidade dada ao gestor para comprar ações valorizadas da empresa pelo preço de mercado ou com desconto e, ainda, algumas vezes, por meio de um auxílio-financeiro recebido da empresa.[4]

3.2 *Remuneração baseada em opções*

Uma opção de ações é o direito de comprar um número de ações em alguma data futura a um preço predeterminado.[5] Um plano de incentivo baseado em opções é utilizado para motivar os gestores a aumentarem o preço das ações e ganharem com a diferença entre o preço de compra e o de venda, caso os papéis se valorizem, uma vez que as opções ficam sem valor se o preço de mercado estiver inferior ao preço de exercício.

Nas últimas décadas, a utilização desse tipo de remuneração tem aumentado significativamente em vários países e tornou-se bastante popular, inclusive no Brasil, conforme mostram os dados a serem apresentados no **Capítulo 8**.

---

[4]   Snell e Bohlander (2009, p. 390).

[5]   O plano de opções confere o direito, mas não a obrigação, de adquirir ações da firma a um preço prefixado, obedecendo a um período de carência.

Além de tornar os gestores mais motivados, Snell e Bohlander (2009, p. 389) esclarecem que as opções de ações podem servir para reter bons gestores, como no caso das "**opções restritas**", em que o exercício das opções está associado a um período de permanência na empresa.[6]

3.3 Ações ou opções?

Qual é o melhor incentivo de longo prazo que poderia ser utilizado pelas empresas: ações ou opções? Conforme visto anteriormente, as opções valem pela diferença entre o preço de mercado e o preço de exercício. Dessa forma, o gestor somente será beneficiado pelo direito da opção caso os papéis se valorizem.

Tentando responder a essa pergunta, Tirole (2006, p. 23) observa que

> "*as ações permitem ao gestor internalizar o valor do acionista sobre a totalidade do intervalo entre os preços de mercado, e não apenas na parte superior do intervalo, acima do preço de exercício, como no caso das opções de compra*".

Dessa forma, Tirole conclui que as opções de ações parecem ser um instrumento de incentivo mais adequado, pois participações mais lineares fornecem rentabilidade mesmo quando o desempenho é fraco, enquanto as opções de ações, não. Entretanto, ele destaca que as opções podem incentivar o gestor a assumir riscos substanciais para aumentar o valor de suas opções. Ademais, a questão da combinação eficiente entre opções e ações ainda é incerta.

---

[6] Esse tipo de estratégia é conhecido como "algemas douradas".

4 Aspectos positivos e negativos da remuneração variável

Tanto os incentivos de curto prazo, quanto os de longo prazo apresentam aspectos positivos e negativos, conforme será mostrado a seguir:

4.1 Críticas ao curto prazo

Blocher et al. (2007), analisando os bônus de curto prazo, destacam aspectos positivos como o fato de serem uma boa medida de desempenho econômico, facilmente compreendida pelo gestores interessados.[7]

Por outro lado, os bônus de curto prazo podem incentivar a manipulação de dados contábeis e os relatórios incorretos. Ademais, um dos maiores problemas relacionados aos incentivos de curto prazo é de que podem estimular o gestor a privilegiar apenas as metas de curto prazo da empresa. Snell e Bohlander (2009, p. 389) concordam com esses argumentos e explicam que os bônus de curto prazo devem ser evitados quando, por exemplo, incentivam os executivos a focalizar metas de lucros trimestrais em detrimento da sobrevivência e dos objetivos de crescimento de longo prazo.[8]

Da mesma forma, Anthony e Govindarajan (2008, p. 527) alertam que incentivos de curto prazo podem desencorajar o gestor a empreender investimentos de longo prazo que

---

[7] Nesse aspecto, Jenter (2002) conclui que, quanto mais ruído na medida de desempenho, maior a incerteza do gestor em relação à compensação do seu esforço e, consequentemente, menos esforço ele estará disposto a fazer.

[8] Vários fatores servem de incentivos aos gestores para decisões subótimas, que produzem lucro no curto prazo, mas que são contrárias aos interesses de longo prazo dos acionistas. Os resultados encontrados em Narayanan (1985) mostram que tais incentivos são inversamente proporcionais à experiência do gestor, à duração do contrato de trabalho, e ao risco da empresa.

afetem os resultados financeiros no curto prazo. Com isso, torna-se necessário, para superar os vieses do curto prazo, que as empresas incluam, em suas cestas de incentivos, planos que estejam baseados, também, em metas de longo prazo.[9] Para Anthony e Govindarajan, outra forma de reduzir esses vieses é desenvolver indicadores (*scorecard*) que incluam critérios não financeiros que possam afetar os lucros no longo prazo, como crescimento de vendas, participação de mercado e satisfação do consumidor ou, ainda, basear parte do bônus ao desempenho de vários anos, por exemplo, de três a cinco anos. Entretanto, eles admitem que isso poderia reduzir o efeito motivacional da premiação.

4.2 Críticas ao longo prazo

Considera-se, como uma vantagem dos incentivos de longo prazo, o fato de serem, em sua essência, compatíveis com os interesses dos acionistas. No entanto, tais incentivos estão sujeitos a fatores incontroláveis; e, conforme dito anteriormente, os preços das ações estão sujeitos a fatores exógenos, trazendo incontrolável volatilidade.

Para Bebchuk e Fried (2010), a literatura ao redor do mundo tem afirmado que a remuneração dos gestores das companhias abertas deve estar vinculada aos resultados de longo prazo, entretanto os incentivos devem ser dosados de forma a evitar a assunção de riscos excessivos, uma vez que para aumentar o desempenho e o valor das ações o gestor pode levar a empresa a investimentos com grandes riscos e prejudiciais à sobrevivência da companhia. Nesse caso, a remuneração variável não só deixaria de servir ao objetivo de incentivar os executivos a melhorar o desempenho da empresa, como poderia, realmente, trabalhar na direção oposta. Bebchuk e Fried alertam, ainda, para o risco da utilização de

---

[9] A estratégia de se equilibrar a cesta de incentivos dos gestores será analisada com mais detalhes na **seção 4**, deste Capítulo.

informações privilegiadas, por parte dos gestores, com o objetivo de manipular o preço das ações. Assim, um gestor que sabe que boas notícias vão surgir em breve pode se beneficiar, acelerando uma concessão de opções para usufruir do preço de exercício que será definido pelo preço atual e mais baixo.

Os riscos de mau comportamento, por parte dos gestores, relacionados à utilização de incentivos de longo prazo, têm sido bastante analisados pela literatura, sobretudo após os escândalos corporativos ocorridos no início deste século. Nesse sentido, Yermack (1997) mostra, analisando vários documentos, que os gestores recebem subsídios de opções de ações pouco antes do anúncio de boas notícias e postergam tais subsídios para depois do anúncio de más notícias. Seus resultados sugerem que, mais do que um instrumento de incentivo, as opções podem ser muitas vezes um mecanismo de autonegociação do gestor.

Considera-se que, quanto maiores forem os incentivos, maiores serão os riscos de comportamento indesejável. Shleifer e Vishny (1997) concordam que contratos de incentivos altamente potentes criam enormes oportunidades de autonegociação para os gestores, que podem, por exemplo, manipular números contábeis ou modificar a política de investimentos da empresa para aumentar as próprias remunerações.[10]

Bebchuk e Fried (2010), analisando os riscos dos incentivos de longo prazo, sugerem que os gestores não deveriam ter total liberdade para vender imediatamente suas ações e opções. Pelo contrário, o exercício do direito de venda deveria ser realizado somente em datas previamente especificadas. Além disso, Bebchuk e Fried consideram, ainda, que a remuneração deve ser baseada no preço médio das ações durante um período significativo de tempo, reduzindo, assim, os efeitos de informações privilegiadas, referentes a períodos relativamente curtos.

---

[10] Nesse sentido, ver, ainda, Brick et al. (2006); Benmelech et al. (2010); Goergen e Renneboog (2011).

Tipos de Remuneração Variável	Aspectos Positivos	Aspectos Negativos
INCENTIVOS DE CURTO PRAZO (Bônus)	a) boa medida de desempenho econômico. b) clara e facilmente compreendida.	a) foco apenas no curto prazo. b) cria um incentivo para relatórios incorretos.
INCENTIVOS DE LONGO PRAZO (Ações e Opções)	a) compatível com os interesses dos acionistas.	a) sujeita a fatores incontroláveis.

Fonte: Adaptada de Blocher et al. (2007).

Figura 7.2 *Aspectos positivos e negativos da remuneração variável.*

5 A importância do equilíbrio entre curto e longo prazos

Para finalizar, vamos analisar a questão de se os incentivos de curto e de longo prazos podem ser considerados substitutos ou complementares. Nesse sentido, iremos concluir que a maior parte da literatura tem considerado que os incentivos de curto e de longo prazos são, de fato, complementares, levando-se em conta, ainda, a importância de que haja, ao se planejarem as cestas de incentivos, um bom equilíbrio entre ambos. E os argumentos que sustentam essa posição preferencial dos pesquisadores são muitos.

Primeiro, em que pese a aparente unanimidade em relação à importância dos incentivos na motivação e no alinhamento de interesses, a literatura tem mostrado, conforme dito anteriormente, que os incentivos de curto prazo podem levar a atitudes prejudiciais ao crescimento de longo prazo e, além disso, à manipulação de resultados.

Por outro lado, os incentivos de longo prazo, conforme visto anteriormente, estão sujeitos a fatores incontroláveis, à utilização de informações privilegiadas para manipular o preço das ações e à assunção de riscos excessivos. Entretanto, a maior parte da literatura tem considerado que, apesar da existência de vieses e da grande possibilidade de mau comportamento, os incentivos conseguem, na prática, proporcionar o alinhamento dos interesses dos gestores com os da empresa; e sugerem, como forma de superar esses vieses, o equilíbrio na articulação dos incentivos de curto e de longo prazos nas empresas.[11]

Em segundo lugar, discussões, como as estabelecidas em Holmström e Tirole (1993), levaram à conclusão de que bônus de curto prazo e incentivos com ações servem a propósitos diferentes e, portanto, são complementares. Tirole (2006) também destaca isso, considerando que, caso ocorra um aumento nos incentivos de curto prazo, deve ocorrer simultaneamente um aumento nos incentivos de longo prazo, como forma de manter um bom equilíbrio, também, entre os objetivos de curto e de longo prazos.

Na mesma direção, Bebchuk e Fried (2010) consideram que incentivos excessivamente concentrados no curto prazo motivam os gestores a aumentar os resultados de curto prazo, à custa do valor a longo prazo, ao passo que uma cesta de incentivos fortemente baseados no longo prazo pode estimular os gestores a levarem a empresa a assumir riscos excessivos. Assim, se a estratégia da empresa é orientar o pensamento do gestor para fluxos de resultados mais equilibrados, pode-se considerar que os incentivos de curto e de longo prazos tendem a ser, de fato, complementares.

Finalmente, a importância de haver equilíbrio, entre curto e longo prazos, nos planos de remuneração, é destacada, também, nas orientações do código de governança corporativa do

---

[11] Nesse sentido, podemos citar: Tirole (2006); Anthony e Govindarajan (2008); Bebchuk e Fried (2010).

IBGC, corroborando tudo aquilo que foi apresentado, até o momento:

> "*A remuneração total da Diretoria deve estar vinculada a resultados, **com metas de curto e de longo prazos** relacionadas, de forma clara e objetiva, à geração de valor econômico para a organização. O objetivo é que a remuneração seja uma ferramenta efetiva de alinhamento dos interesses dos diretores com os da organização.*" – grifo nosso.

Vale, por fim, destacar que, após a recente crise mundial, tem-se verificado, nos mercados, a tendência de alongar o prazo de remuneração dos executivos. No Brasil, a partir de 2012, as instituições financeiras estão obrigadas a diferir, no mínimo, 40% da remuneração variável dos seus gestores, para pagamento futuro. Sendo que esse período de diferimento deve ser de, no mínimo, três anos.[12]

---

[12] Resolução nº 3.921/2010, do Banco Central do Brasil.

Problemas:

1) Comente sobre o argumento de que a remuneração fixa perde no aspecto motivacional para a remuneração variável (*pay for performance*).

2) Como se dividem os planos de remuneração variável?

3) Explique a diferença entre Remuneração Baseada em Ações e Remuneração Baseada em Opções.

4) Cite aspectos positivos e negativos encontrados nos incentivos de curto prazo e nos incentivos de longo prazo.

5) Por que, nos planos de remuneração das empresas, deve haver equilíbrio entre os incentivos de curto e de longo prazos?

8

Evidências Empíricas

Um grande número de pesquisadores tem buscado investigar empiricamente vantagens e desvantagens de se utilizarem incentivos baseados no pagamento de remuneração variável. Principalmente a partir da década de 1980, várias pesquisas começaram a ser realizadas para descobrir se existe, de fato, uma correlação positiva entre remuneração variável e desempenho da empresa.

Neste capítulo, vamos destacar evidências empíricas relacionadas à remuneração variável dos gestores. Para isso, o capítulo está dividido em quatro seções: a primeira analisa as evidências de que empresas que utilizam planos de remuneração variável possuem, na média, melhor desempenho do que as demais. A segunda seção apresenta a visão crítica daqueles que consideram que os incentivos podem ser perversos para as empresas, aumentando a probabilidade de fraude. A terceira seção destaca os últimos levantamentos quanto à utilização da remuneração variável pelas empresas nacionais e estrangeiras. Por fim, a última seção apresenta considerações finais.

1 A relação entre remuneração variável e desempenho

A remuneração dos gestores tem sido analisada quantitativamente por diversos pesquisadores há muito tempo. Na média, os resultados de diversos trabalhos têm servido para defender a utilização da remuneração variável como mecanismo para alinhar os interesses de gestores e proprietários.

Murphy (1985) mostrou que a remuneração dos executivos está positivamente associada com o desempenho da empresa, medido pelo retorno aos acionistas e pelo crescimento das vendas. Da mesma forma, muitos outros trabalhos, também, encontraram uma correlação positiva entre remuneração e desempenho: Coughlan e Schmidt (1985), Benston (1985), Core et al. (1999) e Murphy (1999).

Nas últimas décadas, empresas, investidores e reguladores, ao redor do mundo, têm ressaltado a importância da remuneração variável na governança das empresas. Hill e Stevens (2001), buscando evidências que justifiquem à maior utilização de remuneração variável, mostraram que empresas dos Estados Unidos com desempenho relativamente elevado tinham, em média, 60% da remuneração total baseada em remuneração variável e 40% em salário, ao passo que empresas de baixo desempenho tinham 60% em salário e 40% em remunerações por incentivo. Sendo esse desempenho medido pela variação no preço das ações.

Mais recentemente, Aggarwal e Samwick (2006) mostraram que empresas norte-americanas que pagam maiores incentivos, em média, apresentam maiores investimentos e melhor desempenho. Firth et al. (2006), analisando a remuneração de executivos na China, concluíram que os salários dos CEOs também estão positivamente associados com o desempenho das empresas chinesas.

Outro resultado favorável à utilização de remuneração variável pelas empresas foi encontrado em Tian e Twite (2011).

As evidências sugerem que a remuneração baseada em ações e opções é positivamente correlacionada com a produtividade das empresas australianas presentes na amostra.

Em relação às empresas brasileiras, a pesquisa empírica sobre remuneração dos gestores ainda é bastante escassa. Nos resultados encontrados em Larrate et al. (2011) e que levantou dados de 142 companhias brasileiras, registradas na CVM, durante o período de 2006 a 2008, pôde-se verificar que as empresas que utilizaram incentivos por meio de remuneração variável obtiveram, em média, maior produtividade e, também, maior rentabilidade do ativo e do patrimônio líquido.

Em suma, são muitas as evidências de que, de fato, haja uma correlação positiva entre remuneração variável e desempenho da empresa. Isso nos ajuda a entender o recente aumento de pesquisas sobre o tema, e por que, em todo o mundo, tem crescido, extraordinariamente, o número de executivos pagos por meio desses incentivos.

2 Críticas à remuneração dos gestores

Apesar das diversas comprovações empíricas quanto à relação positiva entre remuneração variável e desempenho, são grandes, também, as preocupações com aspectos negativos, normalmente relacionados ao mau comportamento do gestor que, para aumentar seus ganhos, pode tomar decisões prejudiciais à empresa, manipular dados, e desenvolver estratégias voltadas aos seus próprios interesses.

Shleifer e Vishny (1997) destacam que é um erro acreditar que os incentivos possam resolver todos os problemas de agência, principalmente no caso de incentivos altamente potentes que podem criar enormes oportunidades de autonegociação para os gestores, especialmente se esses contratos são negociados com conselhos de administração pouco motivados, ao invés de grandes investidores.

Para compreender melhor ainda o viés potencial, considere que os gestores podem negociar para si mesmos esses contratos quando sabem que os ganhos ou o preço da ação tendem a subir, ou mesmo manipular os números da contabilidade e proceder a mudanças na política de investimento com o objetivo de aumentarem suas próprias remunerações.

Vale destacar o trabalho empírico realizado por Brick et al. (2006) que, investigando mais de 1.400 empresas norte-americanas, entre os anos de 1992 e 2001, encontraram evidências de que uma remuneração excessiva dos principais executivos está associada a um mau desempenho da empresa, independentemente do nível de governança corporativa.

Anteriormente, Yermack (1997) havia mostrado evidências de que os gestores recebem subsídios de opções de ações pouco antes do anúncio de boas notícias e postergam tais subsídios para depois do anúncio de más notícias. Com isso, seus resultados sugerem que, mais do que um instrumento de incentivo, as opções podem ser muitas vezes um mecanismo de autonegociação do gestor.

Algumas pesquisas buscaram, ainda, descobrir se, nas empresas que pagam remuneração baseada em opções, os gestores possuem maiores incentivos para cometerem fraudes. Os resultados encontrados em Agrawal e Chadha (2006), Johnson et al. (2003) e Peng e Roell (2003) mostraram que as empresas que pagam maiores incentivos desse tipo estão mais sujeitas a fraudes e a ações judiciais. Da mesma forma, Denis et al. (2006), ao investigarem os determinantes das fraudes ocorridas em empresas norte-americanas, encontraram uma correlação positiva entre remuneração baseada em opções e suspeitas de fraudes.

Para avaliarmos melhor os argumentos contrários à remuneração variável, destacados nesta seção, vale considerar ainda as conclusões do trabalho de Goergen e Renneboog (2011) que, após terem revisado uma extensa literatura empírica relacionada aos efeitos da remuneração dos gestores, destacam que as empresas devem, de fato, ter prudência na utilização da remuneração variável, uma vez que o pagamento desses incentivos pode acarretar, muitas vezes, a expropriação dos acionistas por parte dos gestores.

Para combater esses abusos e proteger os interesses dos proprietários, recentemente, nos Estados Unidos, um decreto conhecido como *Say on Pay* deu aos acionistas o direito de aprovarem, em assembleia, a remuneração dos executivos de suas empresas. No Brasil, de forma a tornar público os critérios utilizados nos planos de remuneração das companhias abertas, desde 2010, as empresas devem responder à CVM sobre a política de remuneração dos seus gestores, por meio do questionário *Formulário de Referência*.[1]

3 O alcance da remuneração variável

Em que pesem as discussões sobre os seus efeitos, cresceu de forma vertiginosa, em todo o mundo, o número de executivos pagos por meio de remuneração variável. E os números não param de crescer: nos Estados Unidos, em 1990, menos de 15% das grandes empresas pagavam remuneração variável a seus diretores. Em 1999, esse percentual já havia subido para 63%. Recentemente, um levantamento realizado pelos pesquisadores Carola Frydman e Dirk Jenter, publicado no *Annual Review of Financial Economics-2010*, revelou que 100% das empresas listadas na *S&P 500* já pagam remuneração variável aos seus diretores executivos.

E as empresas brasileiras, como se apresentam nesse contexto?

Segundo os resultados de Larrate et al. (2011), 75% das companhias brasileiras possuem políticas de remuneração variável para seus gestores (CEO e demais diretores). Os tipos de incentivos utilizados pelas empresas foram: bônus

---

[1] Vide anexo 8.2.

de curto prazo (48%), opções de ações (16%), ações (4%), e opções e ações simultaneamente (7%), conforme mostra a **Figura 8.1**.

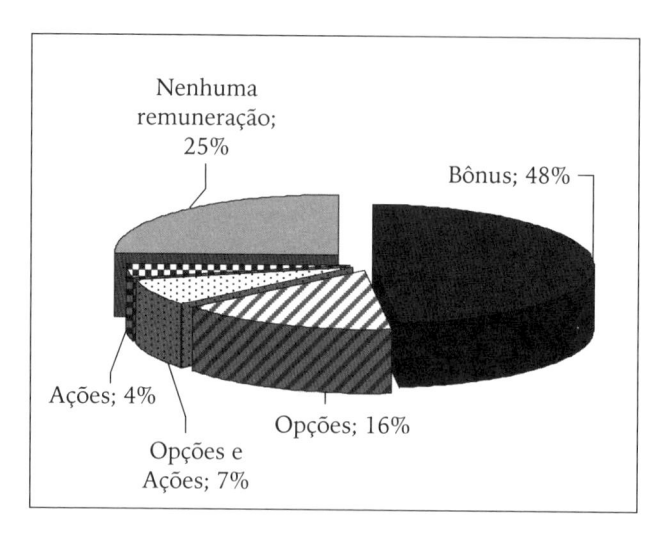

Fonte: Larrate (2011).

Figura 8.1 *Remuneração variável das empresas brasileiras.*

Outro resultado importante, mostrado na **Figura 8.1**, refere-se ao fato de que nenhuma empresa da amostra considerou pagar simultaneamente incentivos de curto e de longo prazos. Isso sugere que, na maioria das empresas, esses incentivos estão sendo considerados como substitutos, e não como complementares.

A **Figura 8.1** permite outras três importantes considerações. Primeiro, pode-se perceber que o tipo de remuneração variável preferido pelas empresas brasileiras são os bônus de curto prazo (48%). Nesse aspecto, conforme comentado no Capítulo 7, a concentração exclusiva em incentivos de curto prazo, pode estimular os gestores a aumentarem os resultados de curto prazo à custa do valor a longo prazo, criando um desequilíbrio nas metas dos gestores e no fluxo de resultados da empresa.

Segundo, em relação aos incentivos de longo prazo, os resultados mostram que 27% das nossas empresas pagam algum tipo de remuneração baseada em ações ou em opções. Enquanto isso, nos Estados Unidos, conforme destacam Blocher et al. (2007), o percentual é bem maior – quase 90% das empresas –, mostrando que, por lá, o pagamento de ações e opções são, de fato, bastante populares. Os números mais baixos no Brasil sugerem que as políticas de incentivos de longo prazo das nossas empresas parecem mais próximas às de países com estruturas de propriedade mais concentradas, como a Alemanha, onde 40% das empresas utilizam o pagamento de remuneração de longo prazo, e o Japão, onde esse percentual é inferior a 20%.

De fato, nos Estados Unidos, especialmente, a partir da década de 1990, os incentivos de longo prazo cresceram para se tornarem o maior componente da remuneração dos gestores. Frydman e Jenter (2010) mostram que 57% da remuneração total dos CEOs, em 2008, era representado pelo pagamento de ações e opções, 21% em bônus anuais, apenas 17% de salário.

Por fim, como última consideração sobre os dados da **Figura 8.1**, podemos destacar que, seguindo a tendência mundial, as opções são o tipo preferido de incentivo de longo prazo. Os resultados mostram que, entre cada dez empresas brasileiras que pagam remuneração variável de longo prazo, oito preferem a remuneração baseada em opções, enquanto apenas duas pagam por meio de ações.

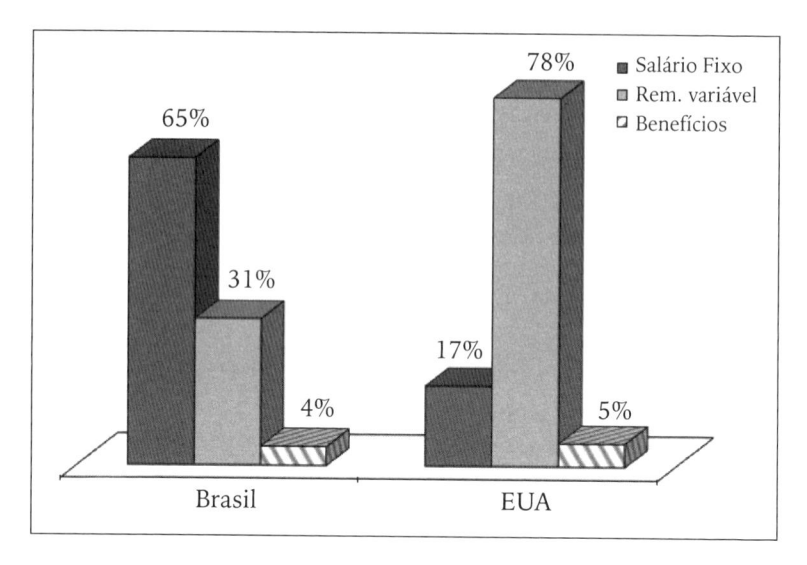

Fonte: Larrate (2012, b).

Figura 8.2 *Estrutura da remuneração total dos gestores.*

Apesar do percentual de empresas brasileiras que adotam políticas de remuneração variável ser relativamente alto, a participação desses incentivos na remuneração total dos gestores ainda é bastante inferior àquela verificada nos Estados Unidos, conforme se pode observar no gráfico da **Figura 8.2**. O gráfico apresenta a estrutura da remuneração dos gestores no Brasil e nos Estados Unidos e mostra que, nas empresas brasileiras que pagam remuneração variável, 65% da remuneração total ainda é composta por salário fixo, 31% por remuneração variável, e 4% de benefícios. Enquanto nos Estados Unidos, a parcela variável já é o principal componente, representando 78% da remuneração total dos gestores.[2]

---

[2] O gráfico da **Figura 8.2**, publicado em Larrate (2012,b), mostra o resultado da pesquisa sobre a política de remuneração variável nas empresas brasileiras, durante o ano de 2010, com as mais de 2.000 empresas presentes no banco de dados da CVM. A amostra final inclui 116 empresas que efetivamente responderam sobre suas políticas de remuneração. Em

Por outro lado, se considerarmos apenas a remuneração dos CEOs nos Estados Unidos, a parcela referente à remuneração variável cresce consideravelmente, se comparada com a dos demais executivos. Smith (1999), por exemplo, ao considerar apenas os dez principais CEOs norte-americanos, mostrou que a remuneração total desses era formada por cerca de 98% de remuneração variável (10% de bônus de curto prazo e 88% em incentivos de longo prazo) e por apenas 2% de salário fixo.

4 Considerações finais

As evidências empíricas relacionadas à remuneração dos gestores apontam para o aumento na utilização da remuneração variável, nas últimas décadas, sobretudo nos Estados Unidos. Entretanto, quanto aos efeitos da remuneração variável sobre o desempenho da empresa, encontramos duas visões antagônicas. Conforme uma delas, a remuneração variável dos gestores é vista como um importante mecanismo de incentivo na busca da maximização do valor para os proprietários. Por outro lado, alguns trabalhos empíricos apontam para a possibilidade de expropriação dos acionistas, principalmente na presença de fraca governança corporativa.

Apesar da possibilidade de mau comportamento do gestor, as políticas de remuneração, escolhidas pelas empresas, podem desempenhar um papel importante no alinhamento de interesses, e na redução dos conflitos de agência. Se por um lado, salários fixos e benefícios, por si só, não motivam os indivíduos a um desempenho melhor, a remuneração variável, por depender dos resultados alcançados pela empresa, tem sido cada vez mais utilizada para aumentar o desempenho, uma vez

---

relação aos Estados Unidos, a amostra inclui todas as 500 empresas listadas no *S&P 500* e refere-se ao ano de 2008, conforme publicado em Frydman e Jenter (2010).

que torna os gestores mais sensíveis às perdas nos lucros e no valor dos acionistas.

De qualquer forma, muitos pesquisadores, ao depararem com a questão de se a remuneração baseada em incentivos é, de fato, eficiente, preferem, assim como Besanko et al. (2006), ter duas respostas. Se a pergunta é feita em relação à influência dos incentivos sobre o comportamento dos gestores, a resposta parece ser um sim incondicional. Entretanto, se a pergunta refere-se ao aumento na riqueza dos acionistas, as evidências ainda são contraditórias.

Anexo 8.1
Evidências Empíricas no Brasil

A Figura 8.3 apresenta o resultado da pesquisa sobre a política de remuneração variável das empresas brasileiras no período de 2006 a 2008. Das empresas presentes no banco de dados da CVM, 103 responderam ao questionamento sobre a remuneração dos seus gestores: Comércio e Transportes – 9 empresas; Mineração e Energia – 21 empresas; Serviços – 20 empresas; Indústria – 53 empresas.

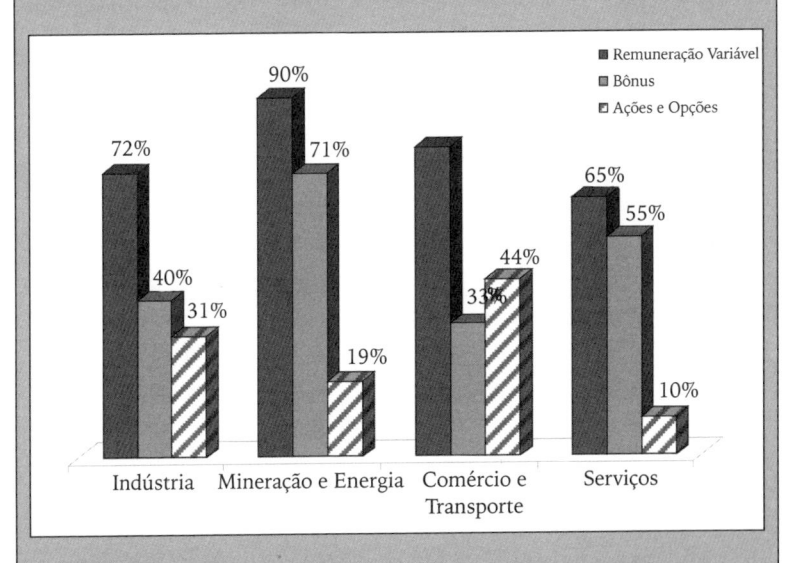

Fonte: Larrate (2011).

Figura 8.3 *Política de remuneração por setor.*

Anexo 8.1 (continuação)
Evidências Empíricas no Brasil

A Figura 8.4 apresenta o resultado da pesquisa sobre a política de remuneração variável das empresas brasileiras no período de 2006 a 2008. Das empresas presentes no banco de dados da CVM, 103 responderam ao questionamento sobre a remuneração dos seus gestores: Privadas – 94 firmas; Estatais – 9 firmas.

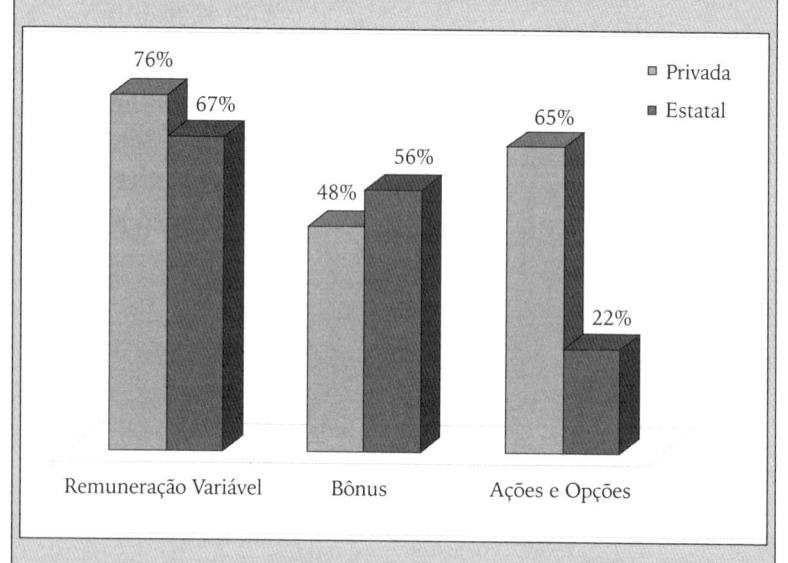

Fonte: Larrate (2011).

Figura 8.4 *Política de remuneração pela natureza da empresa.*

Anexo 8.2
Questionário da CVM sobre Remuneração dos Gestores

[...]

13 REMUNERAÇÃO DOS ADMINISTRADORES

13.1 DESCREVER A POLÍTICA OU PRÁTICA DE REMUNERAÇÃO DO CONSELHO DE ADMINISTRAÇÃO, DA DIRETORIA ESTATUTÁRIA E NÃO ESTATUTÁRIA, DO CONSELHO FISCAL, DOS COMITÊS ESTATUTÁRIOS E DOS COMITÊS DE AUDITORIA, DE RISCO, FINANCEIRO E DE REMUNERAÇÃO, ABORDANDO OS SEGUINTES ASPECTOS:

A. Objetivos da política ou prática de remuneração.

B. Composição da remuneração.

C. Principais indicadores de desempenho que são levados em consideração na determinação de cada elemento da remuneração.

D. Como a remuneração é estruturada para refletir a evolução dos indicadores de desempenho.

E. Como a política ou prática de remuneração se alinha aos interesses do emissor de curto, médio e longo prazos.

F. Existência de remuneração suportada por subsidiárias, controladas ou controladores diretos ou indiretos.

G. Existência de qualquer remuneração ou benefício vinculado à ocorrência de determinado evento societário, tal como a alienação do controle societário do emissor.

13.2 EM RELAÇÃO À REMUNERAÇÃO RECONHECIDA NO RESULTADO DOS TRÊS ÚLTIMOS EXERCÍCIOS SOCIAIS E À PREVISTA PARA O EXERCÍCIO SOCIAL CORRENTE DO CONSELHO DE ADMINISTRAÇÃO, DA DIRETORIA ESTATUTÁRIA E DO CONSELHO FISCAL, ELABORAR TABELA COM O SEGUINTE CONTEÚDO:

A. Órgão:

B. Número de membros:

C. Remuneração segregada em:

   i. Remuneração fixa anual, segregada em:

      Salário ou *pro-labore*

      Benefícios diretos e indiretos

      Remuneração por participação em comitês

      Outros

   ii. Remuneração variável, segregada em:

      Bônus

      Participação nos resultados

      Remuneração por participação em reuniões

      Comissões

      Outros

   iii. Benefícios pós-emprego.

   iv. Benefícios motivados pela cessação do exercício do cargo.

   v. Remuneração baseada em ações.

D. Valor, por órgão, da remuneração do conselho de administração, da diretoria estatutária e do conselho fiscal.

E. Total da remuneração do conselho de administração, da diretoria estatutária e do conselho fiscal.

13.3 EM RELAÇÃO À REMUNERAÇÃO VARIÁVEL DOS 3 ÚLTIMOS EXERCÍCIOS SOCIAIS E À PREVISTA PARA O EXERCÍCIO SOCIAL CORRENTE DO CONSELHO DE ADMINISTRAÇÃO, DA DIRETORIA ESTATUTÁRIA E DO CONSELHO FISCAL, ELABORAR TABELA COM O SEGUINTE CONTEÚDO:

[...]

13.4 EM RELAÇÃO AO PLANO DE REMUNERAÇÃO BASEADO EM AÇÕES DO CONSELHO DE ADMINISTRAÇÃO E DA DIRETORIA ESTATUTÁRIA, EM VIGOR NO ÚLTIMO

EXERCÍCIO SOCIAL E PREVISTO PARA O EXERCÍCIO SOCIAL CORRENTE, DESCREVER:

[...]

13.5 INFORMAR A QUANTIDADE DE AÇÕES OU COTAS DIRETA OU INDIRETAMENTE DETIDAS, NO BRASIL OU NO EXTERIOR, E OUTROS VALORES MOBILIÁRIOS CONVERSÍVEIS EM AÇÕES OU COTAS, EMITIDOS PELO EMISSOR, SEUS CONTROLADORES DIRETOS OU INDIRETOS, SOCIEDADES CONTROLADAS OU SOB CONTROLE COMUM, POR MEMBROS DO CONSELHO DE ADMINISTRAÇÃO, DA DIRETORIA ESTATUTÁRIA OU DO CONSELHO FISCAL, AGRUPADOS POR ÓRGÃO, NA DATA DE ENCERRAMENTO DO ÚLTIMO EXERCÍCIO SOCIAL.

13.6 EM RELAÇÃO À REMUNERAÇÃO BASEADA EM AÇÕES RECONHECIDA NO RESULTADO DOS TRÊS ÚLTIMOS EXERCÍCIOS SOCIAIS E À PREVISTA PARA O EXERCÍCIO SOCIAL CORRENTE, DO CONSELHO DE ADMINISTRAÇÃO E DA DIRETORIA ESTATUTÁRIA, ELABORAR TABELA COM O SEGUINTE CONTEÚDO:

[...]

13.7 EM RELAÇÃO ÀS OPÇÕES EM ABERTO DO CONSELHO DE ADMINISTRAÇÃO E DA DIRETORIA ESTATUTÁRIA AO FINAL DO ÚLTIMO EXERCÍCIO SOCIAL, ELABORAR TABELA COM O SEGUINTE CONTEÚDO:

[...]

13.8 EM RELAÇÃO ÀS OPÇÕES EXERCIDAS E AÇÕES ENTREGUES RELATIVAS À REMUNERAÇÃO BASEADA EM AÇÕES DO CONSELHO DE ADMINISTRAÇÃO E DA DIRETORIA ESTATUTÁRIA, NOS TRÊS ÚLTIMOS EXERCÍCIOS SOCIAIS, ELABORAR TABELA COM O SEGUINTE CONTEÚDO:

[...]

13.9 DESCRIÇÃO SUMÁRIA DAS INFORMAÇÕES NECESSÁRIAS PARA A COMPREENSÃO DOS DADOS DIVULGA-

DOS NOS ITENS 13.6 A 13.8, TAL COMO A EXPLICAÇÃO DO MÉTODO DE PRECIFICAÇÃO DO VALOR DAS AÇÕES E DAS OPÇÕES, INDICANDO, NO MÍNIMO:

[...]

13.10 EM RELAÇÃO AOS PLANOS DE PREVIDÊNCIA EM VIGOR CONFERIDOS AOS MEMBROS DO CONSELHO DE ADMINISTRAÇÃO E AOS DIRETORES ESTATUTÁRIOS, FORNECER AS SEGUINTES INFORMAÇÕES EM FORMA DE TABELA:

[...]

13.11 EM FORMA DE TABELA, INDICAR, PARA OS TRÊS ÚLTIMOS EXERCÍCIOS SOCIAIS, EM RELAÇÃO AO CONSELHO DE ADMINISTRAÇÃO, À DIRETORIA ESTATUTÁRIA E AO CONSELHO FISCAL:

A. Órgão.

B. Número de membros.

C. Valor da maior remuneração individual.

D. Valor da menor remuneração individual.

E. Valor médio de remuneração individual.

13.12 DESCREVER ARRANJOS CONTRATUAIS, APÓLICES DE SEGUROS OU OUTROS INSTRUMENTOS QUE ESTRUTUREM MECANISMOS DE REMUNERAÇÃO OU INDENIZAÇÃO PARA OS ADMINISTRADORES EM CASO DE DESTITUIÇÃO DO CARGO OU DE APOSENTADORIA, INDICANDO QUAIS AS CONSEQUÊNCIAS FINANCEIRAS PARA O EMISSOR.

13.13 EM RELAÇÃO AOS TRÊS ÚLTIMOS EXERCÍCIOS SOCIAIS, INDICAR O PERCENTUAL DA REMUNERAÇÃO TOTAL DE CADA ÓRGÃO RECONHECIDA NO RESULTADO DO EMISSOR REFERENTE A MEMBROS DO CONSELHO DE ADMINISTRAÇÃO, DA DIRETORIA ESTATUTÁRIA OU DO CONSELHO FISCAL QUE SEJAM PARTES RELACIONADAS AOS CONTROLADORES, DIRETOS OU INDIRETOS, CON-

FORME DEFINIDO PELAS REGRAS CONTÁBEIS QUE TRATAM DESSE ASSUNTO.

13.14 EM RELAÇÃO AOS TRÊS ÚLTIMOS EXERCÍCIOS SOCIAIS, INDICAR OS VALORES RECONHECIDOS NO RESULTADO DO EMISSOR COMO REMUNERAÇÃO DE MEMBROS DO CONSELHO DE ADMINISTRAÇÃO, DA DIRETORIA ESTATUTÁRIA OU DO CONSELHO FISCAL, AGRUPADOS POR ÓRGÃO, POR QUALQUER RAZÃO QUE NÃO A FUNÇÃO QUE OCUPAM, COMO POR EXEMPLO, COMISSÕES E SERVIÇOS DE CONSULTORIA OU ASSESSORIA PRESTADOS.

13.15 EM RELAÇÃO AOS TRÊS ÚLTIMOS EXERCÍCIOS SOCIAIS, INDICAR OS VALORES RECONHECIDOS NO RESULTADO DE CONTROLADORES, DIRETOS OU INDIRETOS, DE SOCIEDADES SOB CONTROLE COMUM E DE CONTROLADAS DO EMISSOR, COMO REMUNERAÇÃO DE MEMBROS DO CONSELHO DE ADMINISTRAÇÃO, DA DIRETORIA ESTATUTÁRIA OU DO CONSELHO FISCAL DO EMISSOR, AGRUPADOS POR ÓRGÃO, ESPECIFICANDO A QUE TÍTULO TAIS VALORES FORAM ATRIBUÍDOS A TAIS INDIVÍDUOS.

13.16 FORNECER OUTRAS INFORMAÇÕES QUE O EMISSOR JULGUE RELEVANTES.

Problemas:

1) Comente sobre as duas visões antagônicas a respeito dos efeitos da remuneração variável sobre o desempenho da empresa.

2) Conforme as pesquisas recentes, o número de executivos pagos por meio de remuneração variável nos Estados Unidos está crescendo ou diminuindo?

3) Em relação à participação da remuneração variável na remuneração total dos gestores, você considera que os números no Brasil podem ser comparados àqueles verificados nos Estados Unidos? Explique.

4) Tanto no Brasil, quanto em nível mundial, o tipo de incentivo de longo prazo mais adotado pelas empresas tem sido ações ou opções?

5) O que é o *Say on Pay*?

Referências Bibliográficas

AGGARWAL, R.; SAMWICK, A. Empire-builders and shirkers: investment, firm performance, and managerial incentives. *Journal of Corporate Finance* 12, p. 489-515, 2006.

AGRAWAL, A.; CHADHA, S. Corporate governance and accounting scandals. *Journal of Law and Economics* nº 48, p. 371-406, 2006.

ALCHIAN, A.; DEMSETZ, H. Production, Information Costs and Economic Organization. *The American Economic Review*, v. 62, nº 5, p. 777-795, 1972.

ÁLVARES, E.; GIACOMETTI, C.; GUSSO, E. *Governança corporativa*: um modelo brasileiro. Rio de Janeiro: Elsevier, 2008.

ANDRADE, A.; ROSSETTI, J. *Governança corporativa*: fundamentos, desenvolvimentos e tendências. 5. ed. São Paulo: Atlas, 2011.

ANTHONY, R.; GOVINDARAJAN, V. *Sistemas de controle gerencial*. 12. ed. São Paulo: McGraw-Hill, 2008.

ARROW, Kenneth. *The Economics of Agency*. Cambridge: Harvard Business School Press, p. 37-51, 1985.

ASSAF NETO, A. *Mercado financeiro*. 6. ed. São Paulo: Atlas, 2005.

BAKER, G., JENSEN, M.; MURPHY, K. Compensation and incentives: practice *vs* theory. *Journal of Finance* 43, p. 593-616. 1988.

BEBCHUK, L.; FRIED, J. Paying for Long-Term Performance (v. 158, p. 1915-1959). University of Pennsylvania Law Review. *Harvard Law and Economics Discussion Paper* (nº 658), 2010. Retrieved 19 abr. 2012 from SSRN: <http://ssrn.com/abstract=1535355 or http://dx.doi.org/10.2139/ssrn.1535355>.

BENMELECH, E.; KANDEL, E.; VERONESI, P. Stock-Based Compensation and CEO (Dis)Incentives. *The Quarterly Journal of Economics* 125(4): 1769-1820. 2010.

BENSTON, G. The self-serving management hypothesis: some evidence. *Journal of Accounting & Economics* 7, 67-83. 1985.

BERK, J.; DEMARZO, P. *Finanças empresariais*. Porto Alegre: Bookman, 2009.

BERLE, A.; MEANS, G. *The modern corporation and private property*. New York: MacMillan, 1932.

BESANKO, D.; DRANOVE, D.; SHANLEY, M.; SCHAEFER, S. *A Economia da Estratégia*. 3. ed. Porto Alegre: Bookman, 2006.

BLOCHER, E.; CHEN, K.; COKINS, G.; LIN, T. *Gestão estratégica de custos*. 3. ed. Cap. 19. Porto Alegre: Mcgraw-hill, 2007.

BRICK, I.; PALMON, O.; WALD, J. CEO compensation, director compensation, and firm performance: evidence of cronyism? *Journal of Corporate Finance* 12, 403-423. 2006.

CHIAVENATO, I. *Recursos humanos*: o capital humano das organizações. 8. ed. São Paulo: Atlas, 2008.

CORE, J.; HOLTHAUSEN, R.; LARCKER, D. Corporate governance, chief executive officer compensation, and firm performance. *Journal of Financial Economics* 51, 371-406. 1999.

CORE, J.; GUAY, W. Is Pay Too High and are Incentives Too Low? *A Wealth-Based Contracting Framework*, 2010. Retrieved 19 abr. 2012 from SSRN: <http://ssrn.com/abstract=1544018 or http://dx.doi.org/10.2139/ssrn.1544018>.

COUGHLAN, A.; SCHMIDT, R. Executive compensation, management turnover, and firm performance: An empirical investigation. *Journal of Accounting and Economics* 7,43-66. 1985.

CVM. *Recomendações da CVM sobre governança corporativa*. Comissão de Valores Mobiliários, 2002.

DAMODARAN, A. *Finanças Corporativas*: teoria e prática. 2. ed. Porto Alegre: Bookman, 2004.

DENIS, D.; HANOUNA, P.; SARIN, A. Is there a dark side to incentive compensation? *Journal of Corporate Finance* nº 12, p. 467–488, 2006.

DITTMANN, I.; YU, K. *How Important are Risk-Taking Incentives in Executive Compensation?*, 2011. Retrieved 19 abr. 2012 from SSRN: <http://ssrn.com/abstract=1176192 or http://dx.doi.org/10.2139/ssrn.1176192>.

DYCK, A.; ZINGALES, L. *The corporate governance role of the media*. The Right to Tell: The Role of Media in Development. New York: Oxford University Press, 2002.

FIANI, R. *Teoria dos jogos*. 2. ed. Rio de Janeiro: Elsevier, 2006.

FIRTH, M.; FUNG, P.; RUI, O. Corporate performance and CEO compensation in China. *Journal of Corporate Finance* 12, 693-714. 2006.

FONTES FILHO, JR; MARUCCI, J.C.; OLIVEIRA, M.J. Governança cooperativa: participação e representatividade em cooperativas de crédito no Brasil. *Revista de Contabilidade e Organizações*, v. 4, nº 2, p. 107-125, set./dez. 2008.

FRYDMAN, C.; JENTER, D. *CEO Compensation*. Rock Center for Corporate Governance at Stanford University Working Paper nº 77, 2010.

GARCIA E SOUZA, T. *Governança corporativa e o conflito de interesses nas sociedades anônimas*. São Paulo: Atlas, 2005.

GOERGEN, M.; RENNEBOOG, L. Managerial compensation. *Journal of Corporate Finance*, 17 (4), 1068-1077. 2011.

GIBBONS, R. Incentives in Organizations. Cambridge. *Journal of Economic Perspectives* 12(4), 115-132. 1998.

GILLAN, S. Recent Developments in Corporate Governance: An Overview. *Journal of Corporate Finance*, nº 12, 381-402, 2006.

GILLAN, S.; STARKS, L. A survey of shareholder activism: motivation and empirical evidence. *Contemporary Finance Digest* 2 (3), 10-34, 1998.

HAMILTON, R. *Corporate Governance in America 1950-2000*: Major Changes but Uncertain Benefits, 2001. NBER Working Paper. Disponível em: <http://www.nber.org>. Acesso em: 20 mar. 2012.

HARTZELL, J.; STARKS, L. Institutional investors and executive compensation. *Journal of Finance* 58, 2351– 2374, 2003.

HILL, N.; STEVENS, K. Structuring compensation to achieve better financial results. *Strategic Finance*, 82(9), 48-52. 2001.

HOLMSTRÖM, B.; TIROLE, J. Market liquidity and performance monitoring. *Journal of Political Economy* 101: 678–709, 1993.

INSTITUTO BRASILEIRO DE GOVERNANÇA CORPORATIVA. *Código das melhores práticas de governança corporativa*. 4. ed. São Paulo: Instituto Brasileiro de Governança Corporativa, 2009.

JENSEN, M.; MECKLING, W. Theory of the Firm: Managerial Behavior, Agency Costs and Ownership Structure. *Journal of Financial Economics*, v. 3, nº 4, p. 305-360, 1976.

JENSEN, M.; MURPHY, K. Are Executive Compensation Contracts Structured Properly? *Working Paper*. Boston, Harvard Business School, 1988.

JENTER, D. Executive Compensation, Incentives, and Risk. MIT Sloan Working Paper (nº 4466-02), 2002. Retrieved 19 abr. 2012 from SSRN: http://ssrn.com/abstract=490662 or <http://dx.doi.org/10.2139/ssrn.490662>.

JOHNSON, S.; RYAN, H.; TIAN, Y. Executive Compensation and Corporate Fraud. *Working Paper*. Louisiana State University. 2003.

LA PORTA, R.; LOPEZ-DE-SILANES, F.; SHLEIFER, A.; VISHNY, R. Legal determinants of external finance. *Journal of Finance* 52, 1131– 1150, 1997.

_____. Corporate ownership around the world. *Journal of Finance*, v. 54, p. 471-518, 1999.

LARRATE, M.; OLIVEIRA, F.; CARDOSO, A. Governança corporativa, remuneração dos gestores e produtividade da firma. *Revista do BNDES*, nº 36, p. 245-272, 2011.

_____. Aquisições de empresas: um bom negócio? *O Diário de Teresópolis*, Teresópolis-RJ: p. 6, 9 mai. 2012, a.

_____. A remuneração variável nas empresas brasileiras. *O Diário de Teresópolis*, Teresópolis-RJ: p. 6, 4 jul. 2012, b.

LAZEAR, E.; ROSEN, S. Rank-Order Tournaments as Optimum Labor Contracts. *Journal of Political Economy* 89 (October), 841-64. 1981.

LEAL, R. *Práticas de governança e valor corporativo*: uma recente revisão da literatura. Governança Corporativa: evidências empíricas no Brasil, p. 3-21. São Paulo: Atlas, 2007.

_____; SILVA, A.; VALADARES, S. *Estrutura de controle das companhias brasileiras de capital aberto*. Governança Corporativa: evidências empíricas no Brasil, p.49-58. São Paulo: Atlas, 2007.

MACEY, J. Measuring the Effectiveness of Different Corporate Governance Systems: Towards a More Scientific Approach. *Journal of Applied Corporate Finance* 10 (4), 16-25, 1998.

MANKIW, G. *Princípios de microeconomia*. São Paulo: Cengage Learning, 2010.

MILGROM, P; ROBERTS, J. *Bargaining Costs*, Organizational Prospects, Influence Costs, and Ownership Changes Journal of Economics & Management Strategy, v. 1, n.1, 1992.

MILL, J. S. Principles of Political Economy with some of their Applications to Social Philosophy. In: WILLIAM J. A. *Library of Economics and Liberty*, 1848. Retrieved April 11, 2012, from <http://www.econlib.org/library/Mill/mlP.html>.

MURPHY, K. J. Corporate performance and managerial compensation: an empirical analysis. *Journal of Accounting and Economics* 7, 11-42. 1985.

_____. Executive compensation. In: ASHENFELTER, O., Card, D. (Eds.), *Handbook of Labor Economics*. North-Holland, 1999. p. 2485-2563.

NARAYANAN, M. Managerial Incentives for Short-Term Results. *The Journal of Finance* 40(5), 1469-1484. 1985.

OCDE. *Principles of Corporate Governance*. Paris, 1999.

OCDE. Survey *of Corporate Governance Developments in OECD Countries*, 2004.

PENG, L.; ROELL, A. *Executive pay, earnings manipulation and shareholder litigation*. Baruch College, NY and Princeton University, NJ. 2003.

PRENDERGAST, C. What trade-off of risk and incentives? *American Economic Review*. 90, 421-425, 2000.

RICARDINO, A.; MARTINS, S. Governança corporativa: um novo nome para antigas práticas? *Revista Contabilidade & Finanças* – USP, São Paulo, nº 36, p. 50 - 60, 2004.

SHLEIFER, A.; VISHNY, R. A Survey of Corporate Governance. *The Journal of Finance* 52(2), 737-783, 1997.

SILVA, A. L. *Governança corporativa e sucesso empresarial*: melhores práticas para aumentar o valor da firma. São Paulo: Saraiva, 2006.

SILVEIRA, A. *Governança empresarial e estrutura de propriedade*: determinantes e relação com o desempenho das empresas no Brasil. São Paulo: FEA/USP. Tese (Doutorado em Administração) – 2004.

SILVEIRA, A. *Governança corporativa*: desempenho e valor da empresa no Brasil. São Paulo: Saint Paul Editora, 2005.

_____; LANZANA, A.; BARROS, L.; FAMÁ, R. *Efeito dos acionistas controladores no valor das companhias abertas brasileiras*. Governança Corporativa: evidências empíricas no Brasil, p.59-75. São Paulo: Atlas, 2007.

_____. *Governança corporativa no Brasil e no mundo*: teoria e prática. Rio de Janeiro: Elsevier, 2010.

SLOMSKI, V.; MELLO, G.; TAVARES FILHO, F.; MACÊDO, F. *Governança corporativa e governança na gestão pública*. São Paulo: Atlas, 2008.

SMITH, Adam. *An Inquiry into the Nature and Causes of the Wealth of Nations*. London: W. Strahan and T. Cadell, 1776.

SMITH, D. The performance pay race. *Management Today*. UK, 70-75. 1999. Retrieved 19 abr. 2012 from <http://www.managementtoday.co.uk/news/406799/UK-PERFORMANCE-PAY-RACE---Top-UK-executives--trail-UScounterparts-salary-stakes/?DCMP=ILC-SEARCH>.

SNELL, S.; BOHLANDER, G. *Administração de recursos humanos*. 14. ed. São Paulo: Cengage Learning, 2009.

TAVARES FILHO, F. *Rentabilidade e valor das companhias no Brasil*: uma análise comparativa das empresas que aderiram aos níveis de governança corporativa da BOVESPA. Dissertação (Mestrado) – Universidade de São Paulo, 2006. Disponível em: <http://www.teses.usp.br/teses/disponiveis/12/12136/tde-09012007-115112/pt-br.php>. Acesso em: 1º abril 2011.

TIAN, G.; TWITE, G. Corporate governance, external market discipline and firm productivity. *Journal of Corporate Finance* 17(3), 403-417, 2011.

TIROLE, J. *The Theory of Corporate Finance*. Princeton University Press, 2006.

VARIAN, H. *Microeconomia*: conceitos básicos. 7. ed. Rio de Janeiro: Elsevier, 2006.

WARNER, J.; WATTS, R.; WRUCK, K. Stock prices and top management changes. *Journal of Financial Economics* 20, 461–492, 1988.

WILLIAMSON, O. Corporate finance and corporate governance. *The Journal of Finance*, v. 43, nº 3, p. 567-591, 1988.

WOIDTKE, T. Agents watching agents? Evidence from pension fund ownership and firms value. *Journal of Financial: Economics* 63 (1), 99–131, 2002.

YERMACK, D. Good timing: CEO stock option awards and firm news announcements. *Journal of Finance* 52, 449-476. 1997.

ZINGALES, L. Corporate governance. *The New Palgrave Dictionary of Economics and the Law*. New York: P. Newman, Macmillan, 1998.

ZINGALES, L. In Search of New Foundations. *The Journal of Finance*, v. LV, nº 4, 2000.

Formato	14 x 21 cm	
Tipografia	Iowan 10/13	
Papel	Alta Alvura 90 g/m² (miolo)	
	Supremo 250 g/m² (capa)	
Número de páginas	160	

Pré-impressão, impressão e acabamento

GRÁFICA SANTUÁRIO

grafica@editorasantuario.com.br
www.editorasantuario.com.br
Aparecida-SP